情商高就是会说话

刘朋　赵智谋／编著

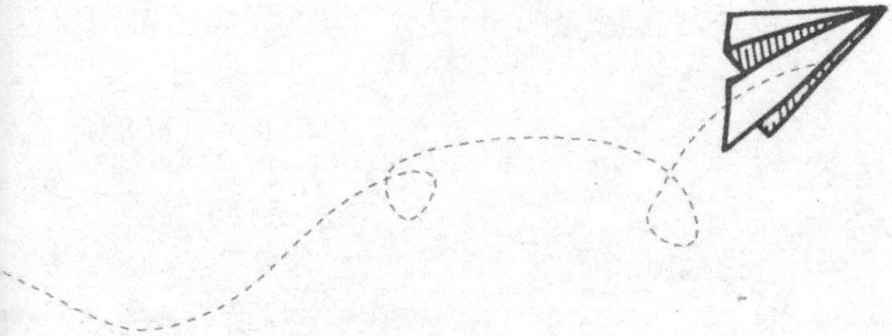

中国社会出版社
国家一级出版社·全国百佳图书出版单位

前言

PREFACE

在日常生活中，有很多人常会为自己刚说出口的话而后悔、发愁！

有很多人想扩宽自己的交际圈子，遇到了人却不知道怎么开口。

有些人就是谈男女朋友，约对方出来了也不知道一起应该聊些什么。

张嘴说话全带刺，一句话打翻一船人，自己觉得有口无心，别人却不这样认为。

有些人自认为为人耿直，说话直来直去，让人无奈，却不知道问题所在。

有些人在工作中，和上司和同事关系都处不好，也找不到拉近彼此关系的办法。

明明自己工作和别人一样努力，可是别人升职了，自己却屡屡错失升迁的机会。

自己心里有很多好想法，却只能看着别人滔滔不绝。

……

类似的状况，很多都发生在我们的身边，大多数人会觉得自己能力差、运气差，同样一件事情，别人就成功了，自己却默默无闻。

其实，并不是你能力不行、运气不好、老天不公，很多时候，你只要情商高一点就能过得顺风顺水。

何炅曾主持一期《奇葩大会》，在这期节目中，一位年轻选手因为十分紧张，表现得有些慌乱，以致一位导师打断了他。现场气氛十分尴尬，何炅马上出来救场，他对选手说："我对你有一种特别亲切的感觉，因为我来这里之前，也是紧张得不行。"这样的话让选手感到暖心，他也不会下不来台。何炅还给这个选手提出建议，告诉他如何在节目中表现得举重若轻。

从这件事情中可以看出何炅的情商特别高，他是那种考虑周到和八面来风都在他的掌控之间的人，这样的一个人，做事能不顺风顺水吗？

一个真正高情商的人，一定是即使看破也不说破，最重要的就是说话时充分考虑别人的感受，说出来的话不会让别人难堪，而会让人听着舒服，如坐春风。

有些人往往还把自己不会说话、情商低当成真性情，并且形成思维定式，觉得我没错啊，我这是真性情，有什么说什么呀！我说的话不虚伪呀！这样会直接影响与人沟通的效果，会让自己的路越走越窄，人人都不待见。

把话说得漂亮一些、有温度一些、能让人有春风拂面的感觉，那么人人都会愿意与你交往，你做起事情来也就顺利一半了。

说话让人觉得舒服，不是一个人天生就能做到的，这需要你去用心观察，用心学习，不断学习和磨砺说话这门艺术，领悟说话的方式方法。终究有一天，你会突然发现自己的说话发生了改变，能够说出打动人心、暖人心的话了。那么，这个时候你的人生也会随之发生较大的变化。

目录
CONTENTS

» Chapter 2

情商高让你说出的话，别人听着更舒心

» Chapter 3

真正的情商高，言行都是暖暖的

» Chapter 5

不怒不怼，让情商成为助你成功的洪荒之力

Chapter 1

用高情商为自己的“言值”加分

你若用心，必有好运

与重要的人物谈话是很考验人的情商和智商的，绝对不能犯低级错误，想说就说，想什么时候说就什么时候说，甚至有的人想说什么就说什么，根本就不经过大脑的思考，这样，最终吃亏的还是自己。因此，说话之前，还是要有所准备。对于说话的对象以及他的阅历、对事物的认识能力和他的爱好、生活习惯等，都要进行一些基本的了解，然后开始进行对话和交流，也只有这样，交流才能达到最佳的效果。

很多名人之所以成功，就是因为他们都会在说话前进行用心的准备。一个人说话之前要是没有准备，就像面临一场考试而没有准备一样，将会变得很被动，结果也将对自己很不利。在与陌生人接触的过程中，有人夸张地把这种社交场形容为“战场”，要想成功地取得“战斗”的胜利，就必须知己知彼。在这方面，清朝的大臣盛宣怀就是一个很聪明的人。

盛宣怀是晚清的一位大臣，他刚上任在拜见陌生的上司时，就非常注意了解对方的有关情况，一直在准备着和这个上司的对话。

有一次，机会终于来了。在李连英的保荐下，他的陌生上司醇亲王终于决定接见他，并且还特地在什刹海后的府邸专门设宴接见，顺便向他垂询有关电报的事宜。

盛宣怀虽然以前从来没有见过醇亲王，但与醇亲王的门客“张师爷”却交往甚密。平常，盛宣怀就从他那里了解到关于醇亲王的两个方面的情况：第一个就是醇亲王跟恭亲王不同，当时正是西洋学在中国开始盛行的时候，恭亲王认为，中国必须向西洋学习，才能壮大自己的实力；可是醇亲王则不同，他不认为中国人就比洋人差。因此，在对待外国文化的态度上，醇亲王就是一个十足的保守派。第二个就是醇亲王虽然好武，但自认为书读得不少，也颇具文采，经常在很多场合炫耀他的文采。

盛宣怀了解了这些情况之后，就迅速到身为帝师的工部尚书翁同龢那里抄了一些醇亲王的诗稿，念熟了其中比较好的几首，以备“不时之需”。

这些还不够，为了能让醇亲王第一次接见就在心目中留下对自己的好印象，盛宣怀还做了很多准备。比如说，盛宣怀从醇亲王的诗中悟出了些醇亲王的心思。俗话说：“文如其人”。这在和醇亲王的对话中将会有着很大的用处，以防自己说了对方不爱听的话，那前面的所有努力也就白费了。

在准备好这些之后，盛宣怀就胸有成竹地前来谒见他那未见面的上司醇亲王。

一切都很顺利，盛宣怀对醇亲王的话基本上是有问必答，并且句句说到了他的心坎上。当他们谈到“电报”这一名词的时候，醇亲王假装问盛宣怀：“那电报到底是怎么回事？”

盛宣怀对此早有准备，他从容不迫地回答道：“回王爷的话。电报本身并没有什么了不起，全靠活用，所谓‘运用之妙，存乎一心’，如此而已。”

醇亲王听他竟然还能引用岳武穆的话，立刻就来了兴趣，同时对他也不免另眼相看，便问道：“你也读过兵书？”盛宣怀并没有因为上司的这种问话而变得骄纵起来，他还是那种谦虚的态度：“在王爷面前，怎么敢说读过兵书？英法内犯，文宗显皇帝西狩，忧国忧民，竟至于驾崩。那时如果不是王爷神武，力擒三凶，大局也就真的不堪设想了。”盛宣怀在自谦的时候，也不忘夸奖上司一番，这种时机真的是可遇而不可求。盛宣怀略停了一下又说：“那时有血气的人，谁不想洗雪国耻？宣怀也就是在那时候，自不量力，看过一两部兵书。”

盛宣怀真是三句话不离醇亲王的“本行”，这也看出他在和醇亲王对话之前确实费了一点功夫的，也着实做了一番的准备。

醇亲王是盛宣怀的上司，无疑他的接见直接会关系到盛宣怀的前途与命运。因此，盛宣怀能费不少的功夫来打探醇亲王的情况，甚至在还没见面之前，就对他的喜好、性格了解得一清二楚，这无疑为自己增添了不少信心。拜谒之时，盛宣怀句句话说在醇亲王的心坎儿上，使他觉得这个人很合自己的胃口，于是很快对他委以重任，最终盛宣怀的未雨绸缪帮了自己的大忙。

盛宣怀之所以能在商界获得成功，就在于他会说话，让重要的人物听了很受用。有人会说这不就是溜须拍马？其实，这并非吹捧这样简单，他在和重要的人物见面之前，一定要进行充分的准备，能把话说到对方的心坎里。这情商和做事方式应该对于我们每个人都有启示作用。那么，对于我们来说，在与比较重要的人进行谈话之前，也需要用心准备。

首先要了解基本情况。了解对方的一些生活经历和生活状况，以便在说话交流中，能把话说到对方的心坎里去。一般在谈话的时候，每个人的思维方式各不相同，每个人也都有每个人的生活愿望和生活观点。交谈能否融洽，则在于你话题的选择，对什么样的人就得选择什么样的话题。举个很简单的例子，对于一个基本生活都有困难的人，如果你在那里大吹特吹打高尔夫球或是环球旅游的乐趣，那他肯定对这个话题不感兴趣，甚至厌恶这个话题，转而开始厌恶你这个人；但是相反，如果你告诉他一条快速致富的门路，不用你说下去，他也会提问的，因为这正是他所关心的。也就是说，在交流时要关注对方所关注的话题，而不是你所关注的话题。

了解完了一个人并不是就完成了准备工作，其实还差得很远。一般人都知道在谈话中，经验是很重要的。特别是对于那些应酬的话题和场面，就必须具有一定的应酬经验；否则，就会出现冷场或者很尴尬的局面。那么，这些经验是怎么有的呢？那就得靠积累。在和对方交谈的时候，你就得用心观察对方是怎样将这些话题连成一串的，不至于出现冷场或者是尴尬的局面。这个时候你就得学习积累，以便在自己遇到这种情况的时候能轻松应对。

对不同的人一定要进行区别对待。所谓不同的人，就是不同性格的人。和不同性格的人交流，你就得有不同的态度和表现。因此，在和对方交谈之前就应清楚对方的身份和性格特征。比如说，对方是一个性格外向的人，那么他就易于“喜形于色”，你就能很清楚地从他的脸上判断出他的心理。根据这些，你再进行话题或者是语气的调整，就能和他轻松地交流，侃侃而谈。而如果对方是一个性格内向的人，那就是相反了，因为性格内向的人一般都“沉默寡言”，对于这样的人，就必须用另外一种态度了。比如循循善诱，另外还要注意言语委婉，不能像和外向的人一样说大话、开一些不入流的玩笑。

总的说来，就是要设身处地替别人想想，而不只是一味地夸夸其谈，否则你会让对方对你的谈话失去兴趣，失掉一些机会。因此，在与人交谈时要用心对待，根据交谈者的不同性格进行不同形式的准备，为的就是一个目的：让自己把话说得最好，把话说到对方的心坎里。

人人都爱听赞美的话

不管男女老少都渴望得到别人和社会的肯定与认可，在自己付出了必要的劳动和热情之后，都期待得到别人的肯定和赞许。如果我们把自己需要的东西，首先慷慨地奉献给别人，这种高情商的做法绝对会让别人对你竖起大拇指。

赞许别人的实质，是对别人的尊重和评价，也是送给别人的最好的礼物和报酬，更是情商高的一种表现。赞美表达的是我们的一片善心和好意，传递的是你的信任和情感，化解的是你有意无意间与人形成的隔阂和摩擦。对人表示赞许，你何乐而不为呢?

世界上的人大都爱听好话，没有人打心眼里喜欢别人来指责他。就是相濡以沫的人，被批评了，往往脸上也有挂不住的时候。

美国哈佛大学的专家斯金诺通过一项实验结果表明，动物的大脑在受到鼓励的刺激后，大脑皮层的兴奋中心就开始起劲调动神经系统，从而影响行为。同样的道理，人作为万物的灵长，期望和享受欣赏，是人类最基本的需求之一。日本的一位社会心理学家说：“人们对你赞誉、佩服或表示敬意时，除非显而易见地是溜须拍马，即使是应酬话，你也许还是觉着舒坦。可是，听到他人对你的批评、不中听的言语时，即使他不是恶意中伤，而且部分符合实际，你也可能长期对他抱有反感。”

这位心理学家的话恐怕不仅仅是对日本人说的，在一定程度上，是渗透了人性在对待赞许和批评方面的底蕴而发的透彻议论。中国也有相同的经验之谈，不过言简意赅，没那么具体。“多栽花，少栽刺”，就是这方面既来得直接，又富有哲理的良策警语。

一般人身上都有着难以察觉的闪光点，而这些正是个人价值的生动体现。而一个伟大的领导者，往往独具慧眼，大多是赞颂别人的专家。比如，罗斯福的才能，就表现在对正直人给予恰当的称颂上。他也因此获得了别人丰厚的回报和热情的支持。

人们在交际中既有明显的个性心理，也有普遍的共性心理。如果能针对人们的共性心理切入交际活动，就可以达到满意的交际效果。为了满足对方的心理需求，赢得对方的好感，在日常的交往中，要学会多加赞扬，满足人的称许心理；勤于求教，满足人的炫耀心理；表示欣赏，满足人的自信心理。其实有时候一个小举动——主动问候，也能让人心里舒坦。

社会交往中，获得尊重既是一个人名誉地位的显示，也表明他的德操、品行、学识、才华得到了认可。无论是年长者还是年轻者，位尊者还是位卑者，都期望别人尊重自己。因此，那些懂得尊重别人的人，人们对他产生好感就是情理之中的事了。而主动问候就是最便捷、最简单地表达敬意的交际行为。从问候切入交际活动，十有八九会有一个圆满的结果。这是博得别人好感的基础。

你的赞美一定要能满足对方的心理需要，虽然人都爱听赞美的话，但是并非任何赞美都能使对方高兴。所以说，赞美一个人时，一定要有策略性的手段，可以赞美他的一些“身外之物”，也可以赞美他的一些不为人知却自以为得意的事。只有别出心裁，才能打动对方的心。

有一个男孩，长得很像某位电影明星。当他和朋友一起出来玩儿时，首次见到他的人总是说他和某个明星长得很像。通常一个人被认为与某个名演员很像时，大多不会生气，但这个男孩听着心里就是不舒服。

也许朋友们在说这句半奉承、半开玩笑的话时，并没有特别的含义。但是，事实上这种赞美的方法实在不怎么高明，因为那位电影明星专演冷酷反派的人物。因此，别人说他们相像，虽然是赞美，却也等于说他的缺点。

赞美也是门大学问，就像上面的例子。男孩自认为是缺点的事，却被别人拿来“夸赞”，当然让他有些难以接受。所以，当你想赞美别人时，首先要引出对方更多的话题，看出对方希望怎样的赞美，然后再对症下药，一矢中的。也就是说，你的赞美要能满足对方的心理需要。

比如，欣赏他人的爱好与情趣。事实上，我们在赞美他人的时候，无须在对方的人品或性格上下功夫，而应该针对其过去的事迹、行为或身上的优点等，即对成型的具体事物进行适当的赞美。如果你对对方说：“你真是好人啊！”你的赞美也许同样是发自肺腑的，但在初次见面的短时间内，你的判断理由又是什么呢？因此，你的赞美便可能会引起对方的怀疑和戒心。但若是夸奖对方的事迹或行为情况就不同了。因为对既成事实的赞美，与交情的深浅没有太大关系，对方也比较容易接受。比如对方是女性，那么她身上的衣服与首饰，便是赞美的最好题材。

知道了这样赞美的效用后，与其毫无准备地面对一个初识的人，倒不如先准备好赞美的材料。有了这样的准备，对方往往会因为你的一句赞美而毫无保留地打开心扉，与你成为朋友。

不过，任何赞美的话都一定要切合实际。到别人家做客，与其乱捧一场，不如赞美房子布置得别出心裁，或赞美房子装饰得很精致，或赞美一个盆景很精巧，要注意欣赏他人的爱好与情趣。

主人喜欢养金鱼，你应该试着去欣赏那些鱼的美丽；主人爱养花，你应该去赞美他所养的花草。赞美别人最近取得的工作成绩，赞美别人心爱的宠物，要比说上无数空泛的客气话要有效得多。

特别关注别人的某一件事物，一定能使人在欣喜之余还觉得感激。士为知己者死，女为悦己者容。钟子期死后，伯牙不再鼓琴，其感恩知己至如此者，原因不外乎钟子期能懂得并欣赏伯牙的琴声，并能给予恰如其分的赞美而已。所以，有情商的人，常常会因为一句赞美的话说得恰到好处，从而让别人如坐春风。

以最得体的方式说话

以最得体的方式说话，是所有人追求的最佳的说话方式，因为说出得体的话，换来的是听者的舒心，得到的是得力的支持。俗话说："不看你说的什么，只看你怎么说的。"同样一个意思，不同的人有不同的说法，不同的说法有不同的效果。与人交流时，不要以为内心真诚便可以不拘言语，我们还要学会委婉并艺术地表达自己的想法。人际交往中的真诚不等于双方直接简单、毫无保留地相互袒露；它要求我们本着善意和理性，把那些真正有益于对方的东西，以最得体的方式送给对方。

1940年，处于前线的英国已经无钱从美国"现购自运"军用物资，一些美国人看不到唇亡齿寒的严重态势，便想放弃援英。罗斯福总统在记者招待会上宣传《租借法》想说服他们，为国会通过此法成功地营造了舆论氛围。卡耐基评论说：我们佩服他的政治远见和面临重重障碍也要坚持正确主张而说真话的坚定品格，也不得不叹服他高超的说话技巧。

罗斯福并未直接指责这些人目光短浅，因为这样只能触犯众怒而适得其反，而是妙语连珠以理服人。他用通俗易懂的比喻，深入浅出，通情达理，轻松自如，贴近人心，使人不得不服：

"假如我的邻居失火了，在四五百英尺以外，我有一截浇花园的水龙带，要是给邻居拿去接上水龙头，我就可能帮他把火灭掉，以免火势蔓延到我家里。这时，我怎么办呢？我总不能在救火之前对他说：'朋友，这条管子我花了十五元，你要照价付钱。'这时候邻居刚好没钱，那么我该怎么办呢？

我应当不要他十五元钱，我要他在灭火之后还我水龙带。要是火灭了，水龙带还好好的，那他就会连声道谢，原物奉还。假如他把水龙带弄坏了，他答应照赔不误的话，现在我拿回来的是一条仍可用的浇花园的水管，那我也不吃亏。”

有些人智商高学历高，讲出来的话却没有人喜欢听，大多是因为他们说的话别人听不懂。聪明的人往往会用通俗易懂的比喻说一件事情，或者去说服别人，这样常常能取得异乎寻常的效果。

18 世纪 70 年代初，北美十三个殖民地的代表齐聚一堂，协商脱离英国而独立的大事，并推举富兰克林、杰弗逊和亚当斯等人负责起草一个文件。于是，执笔的具体工作，就落到了才华横溢的杰弗逊头上。

他年轻气盛，又文才过人，平素最不喜欢别人对他写的东西品头论足。他起草好《独立宣言》后，就把草案交给一个委员会审查通过。他自己坐在会议室外，等待着回音。过了很久，也没听到结果，他等得有点不耐烦了，几次站起来又坐下；老成持重的富兰克林就坐在他的旁边，唯恐这样下去会发生不愉快的事情，于是拍拍杰弗逊的肩，给他讲了一位年轻朋友的故事。

富兰克林说，有一位年轻朋友是个帽店学徒，三年学徒期满后，决定自己办一个帽店。他觉得，有一个醒目的招牌非常有必要，于是自己设计了一个，上写：“约翰·汤普森帽店，制作和现金出售各式礼帽。”同时还画了一顶帽子附在下面。在招牌送做之前，他特意把草样拿给各位朋友看，请大家“提意见”。

第一个朋友看过后，就不客气地说：“帽店”一词后面的“出售各式礼帽”语义重复，建议删去；第二位朋友则说：“制作”一词也可以省略，因为顾客并不关心帽子是谁制作的，只要质量好、样式称心，他们自然会买——于是，这个词也免了；第三位说：“现金”二字实在多余，因为本地市场一般习惯是现金交易，不能赊销；顾客买你的帽子，毫无疑问会当场付现金的。这样删了几次以后，草样上就只剩下“约翰·汤普森出售各式礼帽”和那顶画的帽样了。

“出售各式礼帽？”最后一个朋友对剩下的词也不满意。“谁也不指望你白送给他，留那样的词有什么用？”他把“出售”划去了，提笔想了想，连“各式礼帽”也一并“斩”掉了。理由是：“下面明明画了一顶帽子嘛！”

等帽店开张、招牌挂出来时，上面醒目地写着：“约翰·汤普森”几个大字，下面是一个新颖的礼帽图样。来往顾客，看到后没有一个不称赞这个招牌做得好的。

听着这个故事，自负、焦躁的杰弗逊渐渐平静下来——他明白了老朋友的意思。结果，《独立宣言》草案经过众人的精心推敲、修改，更加完美，成了字字金石、万人传诵的不朽文献，对美国独立起了巨大的推动作用。关于起草者的这个故事，也因此而流传下来。

最得体的说话其实也就是采用通俗的话，用间接的方式让他了解应改进的地方，从而让他达到转变的目的。

用最擅长的征服别人

俗话说：金无足赤，人无完人！人总是各有所长，各有所短。在和别人说话的时候，一定要扬长避短，寻找自己擅长的领域，可以说是一个人成功的起点，这对每个人来说都是非常重要的。

马克·吐温作为职业作家和演说家，可谓名扬四海，取得了极大的成功。你也许不知道，马克·吐温在试图成为一名商人时却栽了跟头，吃尽了苦头。

马克·吐温投资开发打字机，最后赔掉了5万美元，一无所获；马克·吐温看见出版商因为发行他的作品赚了大钱，心里很不服气，也想发这笔财，于是他开办了一家出版公司。然而，经商与写作毕竟风马牛不相及，马克·吐温很快陷入了困境，这次短暂的商业经历以出版公司破产倒闭而告终，他本人也陷入了债务危机。

经过两次打击，马克·吐温终于认识到自己毫无商业才能，于是断了经商的念头，开始在全国巡回演说。这回，风趣幽默、才思敏捷的马克·吐温完全没有了商场中的狼狈，重新找回了感觉。最终，马克·吐温靠写作与演讲还清了所有债务。

人生成功的诀窍在于经营自己的长处，找到发挥自己优势的最佳位置。如果一个人总是做不适合自己的事情，那么就很容易产生自卑感，挫伤自己的信心。

现实生活中，每个人对自己的人生道路，对自己的优势都应该进行一番设计，保持理性的头脑，真正认清了方向，加以精心培养，就可以少走弯路，事半功倍，早日成功。在人生的路上，只要善于发掘和利用自己的优点，就会成为一个成功人士。

威尔·罗吉斯在一个杂耍团里，不说话只表演抛绳技术，干了好多年，最后才发现自己在讲幽默笑话上有特殊的天分、才能，后来靠此成名。鲍勃·霍伯也有相同的经验。他多年来一直在演歌舞片，结果毫无成绩，一直到他发现自己有说笑话的本事之后，才成名了。著名数学家陈景润，语言表达能力差，教书吃力，不合格。但他发现自己长于科研，于是增添了自信心，致力于数学的研究，后来终于成为著名的数学家。

可见，经营自己的短处使你的人生贬值；相反，经营自己的长处能使你的人生增值。所以，在选择人生努力的方向时，你要确定最能使你的品格和长处得到充分发挥的目标，锲而不舍地走下去，终会获得成功的。

嘉芙莲女士原是美国俄亥俄州的一名电话接线员，天赋加上长期的职业锻炼，她的口齿伶俐、声音柔和动听以及态度热诚，在当地很有“口碑”，受到用户的普遍赞赏。嘉芙莲是个胸怀创业大志的人，她不想一辈子就当一个普普通通的电话接线员，她要当老板，要开创自己的事业。她知道商场如战场，任何不着边际的空想都只能是画饼充饥，一定要从自己的实际情况出发，寻找自己所长与社会所需的结合点，从这里起步干出自己的一番事业。从这种观念出发，她回头审视自己的生活，主意就来了：利用自己的天赋条件成立一家电话道歉公司，专门代人道歉。后来的事情可想而知，嘉芙莲女士不但拥有了自己的公司，而且还成为了商业界的一位成功人士。

从嘉芙莲女士的成功中，我们不难发现，善用自己的长处是多么明智的选择。在人生的坐标系里，一个人如果不能保持理性，站错了位置，用他的短处而不是长处来谋生的话，那是非常不明智的，他可能会在永久的卑微和失意中沉沦。所以，我们一定要注意发挥自己的长处。

爱默生曾说过：“什么是野草？就是一种还没有发现其价值的植物。”

所以，世界上根本不存在垃圾，所谓垃圾，就是放错了地方的宝贝。我们每个人都有自己天生的优势，也有自己天生的劣势。关键是看我们是否能够保持理性，善于发现自己的优势并有效地经营自己的优势。

多年以前，一个年轻的退伍军人来找戴尔·卡耐基，他想要找一份工作，但是他觉得很茫然也很沮丧：只希望能养活自己，并且找到一个栖身之处就够了。

年轻人黯然的眼神告诉卡耐基，哀莫大于心死。这个年轻人前途大有可为，却胸无大志。而卡耐基非常清楚，是否能够赚取财富，都在他的一念之间。

于是卡耐基问年轻人：“你想不想成为千万富翁？赚大钱轻而易举，你为什么只求卑微地过日子？”

“不要开玩笑了，”年轻人回答，“我肚子饿，需要一份工作。”

“我不是在开玩笑，”卡耐基说，“我非常认真。你只要运用现有的资产，就能够赚到几百万元。”

“资产？什么意思？”年轻人问，“我除了穿在身上的衣服之外，什么都没有。”

从谈话之中，卡耐基逐渐了解到，这个年轻人在从军之前，曾经是一家公司的业务员，在军中还学得一手好厨艺。换句话说，除了健康的身体、积极的进取心，年轻人所拥有的资产，还包括烹调的手艺及销售的技能。

当然，销售或烹饪并无法使一个人成为百万富翁，但是可以使这个退役军人找到自己的方向，许多机会就呈现在眼前。

卡耐基和年轻人谈了两个小时，看到他从深陷绝望的深渊中变成积极的思考者。卡耐基对他说：“你为什么不运用销售的技巧，说服家庭主妇，邀请邻居来家里吃便饭，然后把烹调的器具卖给她们？”

卡耐基借给年轻人足够的钱，买一些像样的衣服及第一套烹调器具，然后放手让他去做。第一个星期，他卖出铝制的烹调器具，赚了100美金。第二个星期他的收入加倍。然后他开始训练业务员，帮他销售同样式的成套烹调器具。4 年之后，他每年的收入超过 100 万美元，并且自行设厂生产。

卡耐基和这个年轻的退伍军人的谈话，让他发现了自己的长处，这也是他取得成功的关键。卡耐基的长处就在于挖掘别人身上的亮点，他不擅厨艺，所以他总结出军人身上的亮点，让他自己去选择适合自己的职业，最终解救了这个悲观的人。如果，他去谈厨艺，那么军人可能会觉得这是个糟糕的人而更听不进他任何的话。

含蓄的话语更能赢得人心

含蓄的表达是一种语言的艺术。常常不直陈意见和看法，而是转弯抹角、正话反说，要么就寓意象征、委婉迂回，给人无限遐想空间，也能避免直接碰到别人的痛处，因言语不慎而树敌。委婉含蓄的表达比口无遮拦、直截了当地说更能体现一个人的情商和语言修养。

俗话说：“良药苦口利于病，忠言逆耳利于行。”但现实中，粗暴的责备有时并不能解决问题，虽说“良药苦口”“忠言逆耳”，但被忠言劝告的人往往不领情。一个善于交际的人在面对这种情况的时候，会把“良药”裹上糖衣，抛给对方，使对方有一种“忠言不逆耳”的惬意。

春秋时代，楚国有一个优伶叫作优孟，因为他身材矮小，不满五尺，人们就称他孟侏儒。优孟性格开朗，行为言语滑稽可笑，深受人们的喜爱，也得到楚王的宠信，经常出入王宫。

这一年，楚国贤德的相国孙叔敖去世了，楚庄王为失去这个得力助手而黯然神伤，每日茶不思、饭不想，总是怀念与孙叔敖在一起的日子。

一天，优孟到城郊游玩，恰巧碰见了孙叔敖的儿子孙安在山上砍柴。优孟感到非常奇怪，便问其中的缘由，孙安告诉优孟，父亲是相国时为官清廉，他去世后家里没有了收入来源，平时又没有积蓄，没有办法只得靠砍柴卖钱，聊以度日。

优孟想帮助孙安摆脱困境，但又不好直接批评楚庄王不仁义，不体恤下属，孙叔敖死后也不封赏他的后代。他决定采取另外的办法。

他特制了一套孙叔敖平时喜欢穿的衣服，然后学着模仿孙叔敖的一举一动。后来，他练熟了，并且练得维妙维肖，让人看了真像是孙叔敖在世。

一次楚庄王宴请宾客，优孟打扮成孙叔敖的模样前去赴宴，楚庄王远远一看，误以为孙叔敖复活，赶紧起身相迎，快步走到台阶前，走近一看才知道是优孟装扮的，楚庄王因为思念贤相心切，便想拜优孟为相，他说：

"今日见你这副样子，更令我想起了贤相孙叔敖，你以后就穿着这身衣服做相国吧，你虽然不是真孙叔敖，就是假的也好。"

"家有老妻，请准我回家商量一下再决定吧！"优孟回答道。

第二天，优孟来到宫中回奏楚庄王，说："我那个不识好歹的老婆不要我做相国，还三番五次地告诫我，说孙叔敖做了十几年的相国，没有一丝一毫的积蓄，如今死了，他的儿子要上山砍柴卖钱才能过活，你要做相国，岂不存心想饿死家人吗？"

这一番话，使楚庄王猛然省悟，他立即下令叫孙安入朝，封赐给他土地，不让他再过苦日子了。

优孟知道楚庄王不对，但他没有当面指责楚庄王，而是迂回地表达了自己的意思，使楚庄王认识到自己的错误，并主动改正了。试想假如优孟不给楚庄王面子，大骂他忘恩负义，只知道怀念已经逝去的人，不知道念及他的后人，这番话很可能会使楚庄王恼羞成怒，他一气之下不要说给孙叔敖的儿子封赏，就连优孟的性命也不一定能保得住。

在工作生活中，处处都要面临拒绝跟选择。选择固然难，拒绝更难，难就难在在不伤别人感情的基础上，既给对方留有余地，又让自己有面子。

两个打工的老乡，找到在城里工作的李某，诉说打工之艰难，一再说住店住不起，租房又没有合适的。言外之意是要借宿。

李某听后马上暗示说："是啊，城里比不了咱们乡下，住房可紧了。就拿我来说吧，这么两间耳朵眼大的房子，住着三代人。我那上高中的儿子，没办法晚上只得睡沙发。你们大老远地来看我，本该留你们在我家好好地住上几天，可是做不到啊！"

两位老乡听后，就非常知趣地告辞了。

由此可见，学会委婉地拒绝别人，这既可拒绝对方的不合理的要求，又不会伤害对方的自尊，同时又不会损害彼此之间的正常关系，何乐而不为呢？

说话的魅力也在于细节

密斯·凡·德罗是20世纪世界最伟大的建筑师之一，在被要求用一句最简练的话来描述成功的原因时，他只说了五个字：“魔鬼在细节。”他反复强调的是，不管你的建筑设计方案如何恢宏大气，如果你对细节的把握不到位，就不能称之为一件好作品。有时，细节的准确、生动可以成就一件伟大的作品，细节的疏忽则会毁坏一个宏伟的规划。由此可见，艺术的魅力体现在细节中，同样，一个人的语言的魅力也体现在细节之中。

语言是一门艺术，俗话说：“良言一句三冬暖，恶语伤人六月寒。”语言在人类交往中起着极其重要的作用，准确掌握语言的艺术，是人际交往的一门“必修课”。

一个寒冷的冬天，纽约一条繁华的大街上，有一个双目失明的乞丐。那乞丐的脖子上挂着一块牌子，上面写着“我什么也看不见”。

有一天，一个诗人走近他身旁，他便向诗人乞讨。诗人说：“我也很穷，不过我给你点别的吧。”说完，他便随手在乞丐的牌子上写了一句话。那一天，乞丐得到很多人的同情和施舍。后来，他又碰到那诗人，很奇怪地问：“你给我写了什么呢？”那诗人笑笑，念牌子上他所写的那句话：“春天到了，我什么也看不见。”

“春天到了，我什么也看不见。”诗人仅在原句上加了4个字，竟产生这样大的魅力！所以说，语言的魅力，体现在细节中。诗人用诗将意境完美呈现出来了，没有失明的人看了这句话才发现，自己是多么的幸福，能够享受盲人不能享受到的春天，给人一种悲天悯人的感觉，盲人自然容易博得他人同情。

人们常说：细节决定成败。细节虽小，但作用不可小觑。现实生活表明：一个高情商的人会注重说话的细节，而这往往能为他的语言增辉添彩。相反，不注重细节，就会给人际交往带来麻烦。

一个海外客商到某地某公司商谈合资办厂事宜。公司经理在会客室恭候，并准备了烟茶水果。客商进公司大门后，迎候在门厅的公司经理秘书和客商握过手，说："我们经理在上面（指二楼会客室），他叫你去。"客商一听，当即一愣：他叫我去？我又不是他的下属，凭什么叫我？于是这客商转身，说："贵公司如有合作诚意，叫你们经理到我住的宾馆去谈吧。"说完拂袖而去。如果那位秘书不说"叫"，而说"请"，情况自然不是这样的。

有一位陈先生一次出差广州，他和朋友到一家餐厅吃饭，因为习惯，他随口喊道："小妹，给我们拿点纸巾。"让他没想到的是，不仅服务员迟迟不动，周围所有的人都以不屑的眼光看着他，陈先生以为服务员没有听见，又高声叫了一下，谁知这位服务员干脆走开，再也不搭理他了。后来，在朋友的解释下，他才得知"小妹"这个称呼在广州很敏感，特别是对一些外地打工的女孩来说，是一种鄙视和瞧不起的称呼，也难怪陈先生称呼人家"小妹"受到了冷遇。

在生活中，每个人都离不开细节，细节是成功的基础，或者说是成功的引导者。那些善于说话的人，无一不注重说话的细节。

一位一只脚大、一只脚小的女士到鞋店买鞋，试了很多双都不合脚，店家都对她讲：鞋不合适是因为您的一只脚比另一只大。这位女士听后，拂袖而去。而有一家店老板灵活地运用语言技巧，改换个角度对她讲：太太，这是因为您的一只脚比另一只小巧。女士听后十分高兴，买下大小不同的两双鞋走了。

仅仅是换个角度，换个说话的方式，就得到了不同的效果，这是语言魅力在细节中的体现。实践证明，熟练准确地运用好语言对交往能起到事半功倍的作用，反之，如果运用不当，就会使本来容易沟通和解决的事情陷入被动。所以说，如果你想要恰当地表达，让人听着舒服，就要注意说话的细节。

说话的方式最重要

说话似乎并不难，人人都会说，但表达的方式不同，其效果也是千差万别的。会说话与不会说话，这之间的区别其实是很大的。现在能说会道的人很多，但是真正能赢得别人的肯定和信服的却很少。高情商的人能说会道还能让人信服，最关键的就是他们懂得说话的方式。

有三个卖梳子的人，他们分别向和尚推销梳子，结果说法不同，卖出的梳子数量也不同。

第一个卖梳子的人，找到和尚说：“大师啊，你买把梳子吧！”和尚一听，说：“我没头发要梳子干什么？”他说：“你虽然没头发，但可以用它来刮刮头皮，挠挠痒，既舒服又疏通经络。经常梳也是种锻炼，脑子清醒，背经文记性好啊。”和尚一听，心想：买把梳子有这么多好处，反正不贵就买一把吧。

第二个卖梳子的人，找到和尚说：“大师啊，买把梳子吧！”和尚说：“我没头发要梳子干什么？”他说：“梳头不仅可以锻炼身体，清醒头脑，而且你在拜佛的时候，梳梳头修整仪容，表示你对佛的尊重，如果让你的弟子在每天朝拜佛祖的时候刮刮头皮，表示众弟子对佛的虔诚，更表示你大师对佛的一片深情厚谊。”和尚一想，对呀！于是就给他的十个弟子每人买了一把。

第三个卖梳子的人，找到和尚说：“大师啊，你买把梳子吧！”和尚说：“我没头发要梳子干什么？”他说：“你虽然没有头发，但到你庙里烧香拜佛的信徒很多，假如你买把梳子送给他们，让他们清醒清醒头脑，看破世间的一切利益得失、恩恩怨怨，向佛的境界靠拢，这样做表示了佛祖大慈大悲的心肠，普度众生的心愿，那真是功得无量呀！由此，你庙里的香火也会越来越旺。”和尚一听，有道理！马上说：“我买一千把。”

这个故事告诉我们：说话的方式不同，效果也不同，受欢迎的程度也不同。如果你想得到别人的认可和肯定，就要注意说话的方式。

有个美国人到曼哈顿出差，想在报摊儿上买份报纸，发现没有带零钱，只好递过100元的大钞对报贩说：“找钱吧！”谁知报贩很不高兴地回答道：“先生，我可不是在上下班时来替人换零钱的。”这时，等在马路对面的朋友想换种说话方式去碰碰运气。他过来对报贩说：“先生，对不起，不知你是否愿意帮助我解决这个困难，我是外地来的，想买份这儿的报纸，但只有一张100元的钞票，该怎么办？”结果，报贩毫不犹豫地把一份报纸递给了他，并且友好地说：“拿去吧，等有了零钱再给我。”

由此可见，想表达同样一层意思，表达的方式不同，就会产生不同的效果。前者之所以失败，是因为他言语傲慢无礼，不懂得尊重人；而后者的成功在于礼貌待人，和言暖心，满足了对方“获得尊重的需要”，终于取得了对方的合作。所以说，只要你选择恰当的说话方式，交际就能达到理想的效果，正如谚语所说：“有了巧舌加诚意，就能够用一根头发牵动一头大象。”

下面再来看看这个小故事：

爱丽丝快要过生日了，她不希望丈夫再送花、香水、巧克力或只是请吃顿饭。她希望丈夫送她一枚钻戒。

爱丽丝对丈夫说：“今年我过生日，你送给我一枚钻戒行吗？”

“什么？”她丈夫惊奇地看着她。

“我今年不想要那些花啊、香水啊、巧克力什么的。一下子就用完了、吃完了，不如钻戒，可以好好地留作纪念。”

“送你花、请你吃饭，多有情调！而钻戒，什么时候买都可以。”

“可是我现在就想要一枚钻戒，别人都有钻戒，我就没有，就我没人爱……”结果，两个人因为生日礼物，居然大吵了一架，甚至闹到了离婚。

还有一个与之相似的故事，可以与上面那个故事形成鲜明的对比：

玛丽想要枚钻戒当生日礼物。但她却没有直接对丈夫说，而只是说：“亲爱的，今年不要送我生日礼物了，好不好？”

丈夫诧异地问：“为什么？我当然要送。”

“明年也不要送了。”

听完这话，丈夫更奇怪了。

玛丽接着说：“把钱存起来，存多一点儿，存到后年。”然后她不好意思地小声说：“我想让你送我一枚小钻戒……”

丈夫说：“噢！原来是这样啊！”

结果呢？玛丽过生日当天，她还是得到了礼物——丈夫买给她一枚大大的钻戒。

情商高的人把话说得让别人很受用，这就是他们能取得成功的原因之一。同样的事情，不同的语言表达方式，收到的效果是不同的。所以需要用心揣摩：什么样的交谈方式最恰当，说什么话最适宜，这是提高说话办事能力的基本要求。

说话要学会登门槛

美国社会心理学家弗里德曼和他的助手曾做了这样一个有趣的实验：弗里德曼派一位助手去登门拜访一组家庭主妇，声称他正在为“安全驾驶委员会”工作，希望得到主妇们对这一活动的支持，请她们帮一个小忙：在一份呼吁安全驾驶的请愿书上签名。多数主妇认为这是一件利人利己的事，加上签个名也并不麻烦，所以，大多数的主妇都爽快地签了名，只有个别人拒绝了。

过了几天，弗里德曼又派这个助手去登门拜访另一组家庭主妇，不过，这次他除了拜访第一次拜访过的家庭主妇之外，还拜访了一些以前从未拜访过的家庭主妇。助手这次带的是一块写着“谨慎驾驶”4个字的大招牌，他的任务是请求那些家庭主妇把这块牌子竖在她们各自的庭院里。

这块招牌看起来很笨拙，竖立在庭院里有些不协调。此次的要求显然有那么一点点过分，那些被拜访的家庭主妇们究竟是会答应，还是会拒绝呢？

最终的结果是，在那些曾经同意在请愿书上签名（一个小要求）的家庭主妇中，有55%的人接受了在自己庭院里竖这块牌子（一个大要求）的要求，而在那些从未被访问的家庭主妇中，只有17%的人勉强接受了此项要求。

其实，日常生活中也经常出现这种现象。在你需要得到别人的帮助时，如果你上来就提出较高的要求，则往往容易被拒绝；而倘若你先提出较低的要求，在较低的要求被对方接受后再去适当增加要求的分量，则成功的概率就会提高，这种现象就是被心理学家定义的“登门槛效应”。

心理学家告诉我们，“登门槛效应”之所以存在，是因为从心理学上讲，每个意志行动都有行动的最初目标。多数情况下，由于人的动机很复杂，因此人们总会面临各种不同目标的比较、权衡和选择，在相同的情况下，那些简单容易的目标往往较容易被人接受。也就是说，当别人提出一个看起来有些“微不足道”的要求时，人们往往可以从心理上予以接受，有时甚至出于“无大碍，近人情”的考虑，而不好意思断然拒绝。可是，一旦这个“微不足道”的要求被接受后，就好比一只脚已经跨入了门槛。

在和人交谈的时候或者交往的过程中，我们常常需要“登门槛效应”的技巧和策略。举个例子，假如一个小伙子遇到了一位让自己心仪的姑娘，就立即直截了当地告诉对方要和她结为夫妻。姑娘听了之后，恐怕不仅会非常惊讶，还会“逃之夭夭”、避之而唯恐不及。绝大部分年轻人都不会如此莽撞冒失，他们一般会先通过适当的方式接近那位姑娘，然后请她一起吃饭、看电影或者逛公园等，逐渐地发展成恋人，最后等时机成熟以后才顺理成章地向她求婚。由此，我们可以发现：循序渐进可以一步步消除人们心理上的抵制情绪。

在候机大厅，有一个旅游团正准备登机，游客们忽然听到导游说：因为天气的原因，登机将会推迟一个小时。候机大厅内顿时响起一片吵嚷抱怨的声音。虽然这样，游客们也必须做好思想准备：在机场等上这难熬的一个小时。不料，几分钟以后，导游又宣布：半小时后就可以登机。听了这个消息之后，游客们都如释重负地松了一口气。几分钟之后，游客们又一次听到导游说：“10分钟后，就可以登机。”这下，游客们一个个都喜出望外，拍手相庆。尽管飞机最后依旧是晚点了，但是游客们反倒觉得庆幸和满意。

俗话说：“一步难上青天。”在人际交往中，“登门槛效应”起着潜移默化的作用。高情商的人说话的时候会从小处着手，循序渐进，步步为营，最后攻下全局。反过来亦是如此，当你想得到别人的帮助时，可以先提一个比较大的要求，在对方犹豫时再适时退而求其次提出具体的小事，这样多半会达到你的预想目标。

做一个语言有礼的君子

在社会交际中，语言是必备的也是最重要的工具之一。一个人要想交际成功，说话的时候就要讲究礼貌。俗话说：“有礼走遍天下，无礼寸步难行。”从这个意义上讲，没有礼貌的人是举步维艰的。语言是否礼貌，不仅反映了说话人的思想修养，而且也能体现出一个人的情商。思想修养好、情商高的人，尊重别人，说话就有礼貌，说话就文雅；相反，思想修养差，不尊重别人，说话自然就缺乏礼貌。

有一个姑娘从城里到乡下办事，在途中迷了路，正不知如何是好的时候，看见前面走来一位老大爷。姑娘由于心情焦急，脱口喊道：“喂，往王村还有多远？”老大爷一看这个打扮漂亮的姑娘说话一点礼貌都没有，也就没好气地回答说：“还有五拐杖！”姑娘心想，人家都急死了，你还有心思开别人的玩笑，又说：“哎呀，路是论里的，怎么论拐杖呢？”“‘论里’？论理你该叫我声‘大爷’！”姑娘这时才意识到自己由于心急而忘了礼貌，赶紧向老大爷赔不是，并称呼其老大爷。这位老大爷也就很详细地给姑娘指了去王村的路，姑娘连声道谢，终于达到了目的地。

生活中有很多这样的例子：仅仅因为一个小节的礼貌疏忽，便使自己的形象在别人的心目中大打折扣。相反，一个有礼貌的人很容易就会被别人认可、接受，既可以给别人带来温暖，也会使自己变得十分愉快。

礼貌就是一个人的名片，说话有礼貌的人总是更受人欢迎。说话有礼貌，可以使对方有一种受到尊重的感觉，觉得心里很舒服，从而乐意接受你的建议，并顺理成章地也会尊重你这个人。有句俗话说得好，礼多人不怪，说的就是这个道理。

一个被大学录取的女学生来学校报到，由于要到一个地方填表，随身的行李没地方放，所以就非常着急。这时，她忽然看到一位踽踽独行的老人，于是，她连个招呼都不打，就说“帮我看着行李。”老人就这么看着行李，直到这个姑娘回来，没想到她轻松地拎起行李走了，连个“谢”字都没说。令她万万想不到的是，在开学典礼上，她又看到了这位老人，老人在台上看着莘莘学子们，主持人介绍说，这就是我们学校的校长。

在日常交往中，说话一定要有礼貌，只有这样，才会使自己成为一个受人尊重和喜爱的人。

说话要有礼貌，以温和的语调提出自己的要求，会让对方觉得自己是被尊重的。这样，他就会慎重地考虑你的建议，就像他会认真地对待你这个人一样。这样做，会使自己在对方的心中留下很深的印象，让对方觉得你是一个有教养、容易相处的人。

张丽萍老师是某大学的教授，一天，她正在办公室里备课，有人敲门，她习惯性地说了声“请进”。抬头一看，是一个女生，但是她并不认识，她想也许是找别的老师的。但是那个女生四下看了看，并没有确认自己找谁，张口就说道：“张丽萍呢？”

这话一出口，大家都愣了一下，都往张丽萍这里看，张丽萍心里也很纳闷，在学校里这么多年，还没有谁直呼其名的。她脸色微微一变，但还是有礼貌地对她说：“我就是，找我有什么事吗？”

那位女生大大咧咧地说：“噢，你就是张丽萍呀，我可早就听说过你了，我是某某教授的学生，我的论文你给我看一下！”

原来当时有规定，论文答辩时要请一个校外的专家来进行指导。这位女生是外校的学生，来找张丽萍教授给自己批阅论文。

张丽萍到底是有涵养的人，看到这个学生这么没有礼貌，并没有发火，只是随口说道：“那你就放那里吧！”

这个女生就把自己的论文往她的桌子上一扔，说：“你快点看呀！后天我们要论文答辩，你可别耽误我的事！”

张丽萍再也无法忍耐了，说：“请问你是找人办事还是下达命令呢？你的论文拿走，我没有时间给你看！”

在求人办事时，一定要礼貌，要把人的心说暖。你说话有礼貌，就是对人的尊重，而只有尊重别人的人，才会获得别人的尊重。因为你满足了对方的“被人尊重”的心理，就会使别人对你怀有好感，从而也会尊重你的建议，接受你的请求。

礼貌是人们在频繁的交往中彼此表示尊重与友好的行为规范。而礼貌用语则是尊重他人的具体表现，是友好关系的“敲门砖”。所以我们在日常生活中，尤其在社交场合，使用好礼貌用语十分重要。多说客气话不仅表示对别人的尊重，而且表明自己有修养。所以多用礼貌用语，不仅有利于双方气氛融洽，而且有益于交际。

“您好”是一句标准的问候礼貌语。在口语交谈中，谁都会遇到相识者与不相识者，不论是深入交谈，还是打个招呼，都应主动向对方先问一声“您好”。若对方先问候了自己，也要以此来回应。在有的地方，人们惯以“你吃了饭没有”“最近在忙什么”“身体怎么样”“一向可好”来打招呼或问候他人，但都没有“您好”简洁可行。

“请”是一句礼貌语。在要求他人做某件事情时，居高临下、颐指气使不合适，低声下气、百般乞求也是不对的。在此情况下，多用上一个“请”字，就可以逢山开路、遇水架桥，赢得主动并得到对方的照应。当一个人需要别人帮忙时，总是以“请”字开路；当要从人群中穿过时，要说“请让开一下”；当坐汽车嫌空气闷热时，要说“请把窗户开一下”；当乘车要在中途下时，要说“请停一下车”。总之，不管何时何地，也不管何人何事，只要你需要别人帮助时，就必须“请”字为先。

“谢谢”是一句致谢的礼貌语。每逢获得理解、得到帮助、承蒙关照、接受服务、受到礼遇之时，都应当立即向对方道一声“谢谢”。这样做，既是真诚地感激对方，又是一种对对方的积极肯定。

“对不起”是一句道歉的礼貌语。当打扰、妨碍、影响了别人，或是在人际交谈中给他人造成不便，甚至给对方造成某种程度的损失与伤害时，务必及时向对方说一声“对不起”。当一个人要经过别人的面前时，要说“对不起”。在公共汽车上，不小心踩了别人的脚，要说“对不起”。在离开宴会时要说“对不起”。在公共场合，无意之中打了个饱嗝要说“对不起”。无意之中打了个喷嚏要说“对不起”。无意之中打了个哈欠要说“对不起”。在中途离开会议时要说“对不起”。约会时迟到了要说“对不起”。这些将有助于大事化小、小事化了，并且有助于修复双方关系。

“再见”是一句道别的礼貌语，也是一种常见的礼貌用语。在交谈结束、与人道别之际，说上一句“再见”，可以表达惜别之意和对他人的尊重。

俗话说：“言为心声，语为人镜。”说话讲文明、有礼貌，多使用礼貌用语，往往是消除误解，缓和矛盾的良方，也能体现出一个人的道德修养水平。所以，在日常口语交谈中，我们应该多使用礼貌用语，这是博得他人好感与体谅的最为简单易行的做法，更是交谈中让人舒服的小细节。

打鼓说话都要在点子上

“打鼓打在点子上”，这是我们经常听到的一句口头禅。不仅打鼓如此，说话亦如此。只要你能说人家爱听的、喜欢听的话，即便是天大的难事，都不会令你望而却步。

在与人交谈时，会说话的人总会投其所好，多谈对方的得意之事，这样容易打动人心，赢得对方的认同。如果恰到好处，对方肯定会高兴，并对你心存好感。

美国著名的柯达公司创始人伊斯曼，捐赠巨款在罗彻斯特建造一座音乐堂、一座纪念馆和一座戏院。为承接这批建筑物内的座椅，许多制造商展开了激烈的竞争。但是，找伊斯曼谈生意的商人无不乘兴而来，败兴而归，一无所获。正是在这样的情况下，“优美座位公司”的经理亚当森，前来会见伊斯曼，希望能够得到这笔价值 9 万美元的生意。

伊斯曼的秘书在引见亚当森前，就对亚当森说：“我知道您急于想得到这批订货，但我现在可以告诉您，如果您占用了伊斯曼先生 5 分钟以上的时间，您就完了。他是一个很严厉的大忙人，所以您进去后要快快地讲。”亚当森微笑着点头称是。亚当森被引进伊斯曼的办公室后，看见伊斯曼正埋头于桌上的一堆文件，于是静静地站在那里仔细地打量起这间办公室来。过了一会儿，伊斯曼抬起头来，发现了亚当森，便问道：“先生有何见教？”秘书把亚当森作了简单的介绍后，便退了出去。这时，亚当森没有谈生意，而是说：“伊斯曼先生，在我等您的时候，我仔细地观察了您这间办公室。我本人长期从事室内的木工装修，但从来没见过装修得这么精致的办公室。”伊斯曼回答说：“哎呀！您提醒了我差不多忘记了的事情。这间办公室是我亲自设计的，当初刚建好的时候，我喜欢极了。但是后来一忙，一连几个星期我都没有机会仔细欣赏一下这个房间。”亚当森走到墙边，用手在木板上一擦，说：“我想这是英国橡木，是不是？意大利的橡木质地不是这样的。”“是的”，伊斯曼高兴得站起身来回答说：“那是从英国进口的橡木，是我的一位专门研究室内橡木的朋友专程去英国为我订的货。”伊斯曼心情极好，便带着亚当森仔细地参观起办公室来。他把办公室内所有的装饰一件件向亚当森作介绍，从木质谈到比例，又从比例扯到颜色，从手艺谈到价格，然后又详细介绍了他设计的经过。此时，亚当森微笑着聆听，饶有兴致。他看到伊斯曼谈兴正浓，便好奇地询问起他的经历。伊斯曼便向他讲述了自己苦难的青少年时代的生活，母子俩如何在贫困中挣扎的情景，自己发明柯达相机的经过，以及自己打算为社会所做的巨额的捐赠……亚当森由衷地赞扬他的功德心。本来秘书警告过亚当森，谈话不要超过5分钟。结果，亚当森和伊斯曼谈了一个小时又一个小时，一直谈到中午。最后伊斯曼对亚当森说：“上次我在日本买了几张椅子，放在我家的走廊里，由于日晒，都脱了漆。昨天我上街买了油漆，打算由我自己把它们重新油漆好。您有兴趣看看我的油漆表演吗？好了，到我家里和我一起吃午饭，再看看我的手艺。”

午饭以后，伊斯曼便动手，把椅子一一漆好，并深感自豪。直到亚当森告辞的时候，两人都未谈及生意。最后，亚当森不但得到了大批的订单，而且和伊斯曼结下了终生的友谊。

为什么亚当森赢得了这笔大生意，而其他人却没有？这不得不说亚当森是个情商较高的人，专挑让伊斯曼舒服的话说。如果他一进办公室就谈生意，十有八九要被赶出来。亚当森成功的诀窍，就在于他了解谈判对象。他从伊斯曼的办公室入手，巧妙地赞扬了伊斯曼的成就，谈的更多的是伊斯曼的得意之事，这样，就使伊斯曼的自尊心得到了极大的满足，把他视为知己。这笔生意当然非亚当森莫属了。

每个人都非常重视自己，喜欢谈论自己，都希望别人重视自己，关心自己，如果你让他谈出自己的得意，或由你去说出他的得意，他肯定会对你有好感，肯定会与你成为好朋友的。

美国华克公司承包了一项建筑工程：要在一个特定的日子之前，在费城建一座庞大的办公大厦。开始时一切都顺利依计划进行，不料在接近完工阶段，负责供应内部装饰用的铜器承包商突然宣布：他无法如期交货了。这是个天大的坏消息，这样一来，整个工程都要耽搁了！公司还面临承担巨额罚金的重大损失，就因为这个环节出现了问题。

于是，长途电话不断，双方争论不休。一次次交涉都没有结果。华克公司只好派罗拉小姐前往纽约与铜器承包商谈判。

罗拉小姐走进那位承包商的办公室，丝毫没有怨气地微笑道："您知道吗？在布鲁克林，有您这样姓氏的人只有您一个。"

承包商感到很意外："哦，是吗？我并不知道。"

"是啊！我一下火车就查电话簿，想找您的地址，结果巧极了，有您这个姓的只有您一个人。"

"我从来不知道。"承包商兴致勃勃地查阅起电话簿来，"嗯，真的，这是一个很不平常的姓。"他有些骄傲地说，"我这个家族从荷兰移居纽约，几乎有 200 年了。"

他饶有兴致，滔滔不绝地说起他的家庭及祖先。当他说完之后，罗拉小姐仍然没有谈论正题，继续称赞他居然拥有一家这么大的工厂，承包商说："这是我花了一生的心血建立起来的一项事业，我为它感到骄傲，如果你愿意，可以随我到车间参观一下。"

罗拉小姐欣然前往。在参观时，罗拉小姐一再称赞他的公司组织制度健全，机器设备新颖，这位承包商高兴极了。他声称这里有一些机器还是他自己发明的呢！罗拉小姐马上又向他请教：那些机器如何操作？工作效率如何？到了中午，承包商坚持要请罗拉小姐吃饭，他说："到处需要铜器，但是很少有人对这一行像你这样感兴趣。"

到此为止，罗拉小姐一次也没有提起这次访问的真正目的。

最后吃完午餐，承包商说："好吧，我们谈谈正事吧。是的，我知道你这次来的目的，但我没有想到我们的相会竟是如此的愉快。你可以带着我的保证回费城去，我保证你们要的东西如期运到，我这样做会给另一笔生意带来损失，不过我认了。”

罗拉小姐轻而易举地获得了她所急需的东西。那些器材及时运到，使大厦在契约到期的那一天终于可以完工了。

罗拉小姐的话最终产生了意想不到的效果，贴切的语言往往会迅速缩短人与人之间的心理距离，从而拉近彼此的距离。所以，说话说在点子上，会使人有一种满足感和成就感，别人对你产生好感，他们会增加对你的满意度，这样做事会更加顺利，而且人际关系也会更加亲密。

推心置腹才能打动人

“功成理定何神速，速在推心置人腹。”人与人交谈，贵在真诚。只要你与人交流时能碰触一颗恳切至诚的心，一颗火热滚烫的心，怎能不赢得别人的信任？

北宋词人晏殊素以说话真诚著称。他 14 岁时参加殿试，宋真宗出了一道题让他做，晏殊看过试题后说：“我 10 天以前做过这个题目，草稿还在，请陛下另外出个题目吧。”真宗见晏殊这样真诚，感到他可信，便赐他“同进士出身”。晏殊在史馆任职期间，每逢假日，京城的大小官员常到外面吃喝玩乐。晏殊因为家贫，没有钱出去，只好在家里和兄弟们读书写文章。有一天，真宗点名要晏殊担任辅佐太子的官职，许多大臣对此不解。真宗对此解释说：“近来群臣经常游玩饮宴，只有晏殊和兄弟们闭门读书，如此自重谨慎，正是东宫合适的人选。”晏殊向真宗谢恩后说：“我也是个喜欢游玩饮宴的人，只是家里穷而已，如果我有钱，也早就参与宴游了。”真宗听了，越发赞叹他的真诚，对他更加信任。

唯有真诚的话才能打动人心，以真诚对待他人，我们才能获得他人的信任，建立良好和谐的关系。

松下电器公司还是一家乡下小工厂时，作为领导，松下幸之助亲自出马推销产品。在碰到杀价高手时，他就坦诚地说：“我的工厂是家小工厂。炎炎夏天，工人在炽热的铁板上加工制作产品。大家汗流浃背，却努力工作，好不容易制出了产品，依照正常的利润计算方法应当是每件 ×× 元承购。”对方一直盯着他的脸，听他叙述。听完之后开怀大笑说：“卖方在讨价还价的时候，总会说出种种不同的话，但你说的很不一样，句句都在情理之中。好吧，我就照你说的买下来好了。”

松下幸之助的成功，在于真诚的说话态度。真诚，不论对说话者还是对听话者来说，都非常重要。若不真诚待人，等于欺人、愚人，若轻信他人不实的言语，可能会耽误大事，造成不良后果。

有一个顾客问服装店的销售员：“这件衣服我穿上怎么样？”

“不错，很好。”那位销售员回答道。

然后，顾客又试了一件样式完全不同的衣服：“这件衣服呢？”顾客同样对这件衣服表现出极大兴趣。

于是，销售员附和道：“也挺好的。”

很快，这位顾客就意识到了那位销售员的建议是没有价值的，这件衣服究竟看上去如何，合身与否，他是不会对自己说真话的，他唯一的目的就是把东西卖出去。当顾客明白了这一点的时候，生意自然就不会成交。

由此可见，取得顾客信任是买卖成交的一个关键环节，也是与顾客沟通过程的第一阶段，是整个过程的开始，是基础。我们只有取得顾客的信任，才能谈及成交与否。如果顾客不信任你，不信任你的商品，那么交易就不会成功。

说话的魅力并不在于你说得多么流畅，滔滔不绝，而在于你是否善于表达真诚。最能推销产品的人并不一定是口若悬河的人，而是善于表达真诚的人。当你用得体的话语表达出真诚时，你就赢得了对方的信任，建立起相互信任的关系，对方也就可能由信任你这个人而喜欢你说的话。

日本企业家小池先生出身贫寒，20岁时在一家机械公司担任销售员。有一段时间，他推销机械非常顺利，半个月内就达成了25位客户的业绩。

可是有一天，他突然发现自己所卖的这种机械要比别的公司生产的同性能机械贵了一些。

他想：“如果让客户知道了，一定会以为我在欺骗他们，甚至可能会对我的信誉产生怀疑。”

深感不安的小池立即带着合约书和订单，逐家拜访客户，如实地向客户说明情况，并请客户重新考虑是否还要继续与自己合作。

这样的行动，使他的客户大受感动，不但没有人取消订单，反而为他带来了良好的商业信誉，大家都认为他是一个值得信任且诚实的销售员。结果，25 位客户中不但无人解约，反而又替小池介绍了更多的新客户。

由此可见，说话真诚的人，能得到别人的信任。把你的真诚注入日常交流之中，把自己的心意传递给对方，当听者感受到你的诚意时，他才会打开心门，接受你讲的内容，彼此之间才能实现轻松愉悦的沟通。

对不同的人要有不同的说话方式

俗话说得好：“见什么人说什么话。”这并不是教人要狡猾，而且是要针对不同人的个性来说话，如果你对一个文化程度低的人说出高深的理论，那他完全就听不懂；和一些行业的行家说话，你说的都是一些幼稚的话，那么别人就会觉得你是门外汉。所以，情商高的人说话都会因人而异，对不同的人用不同的说话方式。

一天，孔子带着他的几名学生出外讲学，一路上十分辛苦。这时，孔子一行人来到一个村庄，他们在一片树荫下休息，正准备吃点干粮、喝点水，不料，孔子的马挣脱了缰绳，跑到庄稼地里去啃人家的麦苗。一个农夫上前抓住马嚼子，将马扣下了。

子贡是孔子最得意的学生之一，一贯能言善辩。他凭着不凡的口才，自告奋勇地上前去企图说服那个农夫，争取和解。可是，他说话文绉绉的，满口之乎者也，天上地下，将大道理讲了一堆又一堆，尽管费尽口舌，可农夫就是听不进去。

有一个刚刚跟随孔子不久的新学生，论学识、才干远不如子贡。当他看到子贡与农夫僵持不下的情景时，便对孔子说：“老师，请让我去试试。”

于是他走到农夫面前，笑着对农夫说：“你并不是在遥远的东海种田，我也不是在遥远的西海耕地，我们彼此相隔不远，我的马怎么可能不吃你的庄稼呢？再说了，说不定哪天你的牛也会吃掉我的庄稼呢，你说是不是？我们该彼此谅解才是。”

农夫听了这番话，觉得有些道理，便没有了责怪的意思，于是将马还给了孔子。旁边几个农夫也互相议论说："像这样说话才算有口才，哪像刚才那个人，说话不中听。"

可见，说话要看对象，否则，你再能言善辩，别人不买你的账也是白搭。说话要看对象，即要针对不同的人，说不同的话，这样才能有利于创造一种和谐、融洽的气氛。

所谓"射箭要看靶子，弹琴要看听众。"生活中，每个人的身份、职业、经历、文化教养、思想、性格、处境、心情等都不相同，我们要针对不同对象的不同情况，采取不同的策略，用不同的言语表达，这样才能达到有效的说话的目的。

《世说新语》中有这样一个故事：

有个叫许允的人在吏部做官，提拔了很多同乡人。魏明帝察觉之后，便派人去抓他。他的妻子在他即将被带走时，赶出来告诫他说："明主可以理夺，难以情求。"让他向皇帝申明道理，而不要寄希望于哀情求饶。因为依皇帝的身份地位是不可能随便以情断事的，皇帝以国为大，以公为重，只有以理断事和以理说话，才能维护好国家利益和作为一国之主的身份地位。

于是，当魏明帝审讯许允的时候，许允直率地回答说："陛下规定的用人原则是'唯贤是举'，我最了解我的同乡，请陛下考察他们是否合格，如果不称职，臣愿受罚。"魏明帝派人考察许允提拔的同乡，他们倒都很称职，于是将许允释放了，还赏了他一套新衣服。

说话要考虑对方的身份地位，许允提拔同乡，根据的是朝廷制定的荐举制度。不管此举妥不妥当，它都合乎皇帝在其身份地位上所认可的"理"。许允的妻子深知跟皇帝难以求情，却可以"理"相争，于是叮嘱许允以"举尔所知"和用人称职之"理"，来规避提拔同乡、结党营私之嫌。这可以说是善于根据说话对象的身份地位选择说话方式的绝好例子。

生活中，人是各种各样的，他们的心理特点、脾气秉性、语言习惯也各不相同，由于这个缘故，就决定了他们对语言信息的要求是不同的。所以，在与人交谈时，聪明的人不会用统一的说话方式来交流。与不同的对象谈话，就要采取不同的谈话方式。

战国时期著名的纵横家鬼谷子曾经精辟地总结与各种各样的人谈话的方法：“与智者言依于博，与博者言依于辩，与辩者言依于事，与贵者言依于势，与富者言依于豪，与贫者言依于利，与战者言依于谦，与勇者言依于敢，与愚者言依于锐。说人主者，必与之言奇，说人臣者，必与之言私。”

因此，在与人交谈时，一定要对其情况作客观的了解。只有知己知彼才能针对不同的对手，采取不同的说话技巧。比如对男性需要采取较强有力的劝说语言，对女性则可以温和一些；对年轻人应采取激励的语言；对中年人应讲明利害，让他们斟酌；对老年人应以商量的口吻，尽量表示尊重的态度；生活在不同地域的人也应有差别。如对北方人，可采用粗犷的态度；对南方人，则应细腻一些。运用与对方所掌握的专业知识关联较紧密的语言与之交谈，对方对你的信任感就会大大增强。

如果和你说话的人性格豪爽，你则完全可以单刀直入；如果对方性格柔弱，则要“慢工出细活儿”；如果对方生性多疑，切忌处处表白，应不动声色，使其疑惑自消，等等；对文化程度低的人采用的方法应简单明确，多使用一些具体数字和例子；对文化程度高的人，则可采用抽象说理的方法；凡是有兴趣爱好的人，当你谈起有关他爱好的这方面的事情来，对方都会兴味盎然。同时对你无形中也会产生好感，为你构建良好的人际关系打下坚实的基础。

随机应变让你受欢迎

应变能力是当代人应当具有的基本能力之一。它是指一个人在遇到自己没有遇到的情况或没有思想准备的情况下正确处理问题的能力。

在社会交际中，常常会遇到意想不到的新情况或意外变故，高情商的人往往会迅速适应，并快速说出适合于新情况下的得体的话。要做到这样，这就要求每个人在日常口才训练中进行必要的“应变”训练。这种“应变”，有时将关系着一个人的命运或一项事业的成败。

有一家旅馆老板测试三名男性应试者，问：“假如你无意推开房门，看见女顾客正在淋浴，而她也看见你了，这时，你该怎么办？”

甲答：“说声‘对不起’，然后关门退出。”这个对答无称呼，虽然简洁，但不符合服务员的职业要求，而且也不能使双方摆脱窘境。

乙答：“说声‘对不起，小姐’，然后关门退出。”这个称呼准确，但不合适，反而加深了顾客的窘迫感。

丙答：“说声‘对不起，先生’，然后关门退出。”

结果，丙被录用了。为什么呢？因为他这种故意误会的说法，维护了顾客的体面，非常得体、机智，表现出一个服务员应该具有的职业素质和应变能力。

在与人交际、交流时，我们常常还会遇到一些意想不到的事情发生。如别人对你有意的刁难或正在交谈时却遭人抢白，你的观点受到人们的反对，这一切都需要有从容镇定的语言应变力。

有一次，一个外国记者想取笑中国人，对周恩来总理提出这么一个问题：“请问总理阁下，中国人走路为什么都低着头，我们西方人走路从来都是抬着头。啊，请问，这是怎么回事？”周总理一琢磨，发现了这个记者的意图，就对他说：“我告诉你啊，这说明中国人民在走上坡路啊，在上坡的时候我们攀登，重力前移，才能往上攀登，你们这样是在走下坡路的。”

还有一个记者问道：“请问总理阁下，中国人为什么管自己走的路叫马路？”周总理很洒脱地说：“中国人民走的是马克思列宁主义道路，简称马路。”

在尼克松访华期间，他们在周总理办公室的办公桌上看到了一支美国生产的派克笔，于是记者问：“总理阁下，您也用我们的派克笔？”周总理说：“不好意思啊，这是朝鲜战场上缴获的战利品啊。”周总理以他幽默智慧的语言，使得这些刁难的记者无言以对。

从以上的实例中，我们不难看出，周总理之所以能够巧妙自如地应对对方刁钻的提问，关键还在于他有超强的应变能力。

整个世界都处于变化之中，与人交往也是如此。只有懂得“变”的法则，才能把握机会，逢凶化吉，转难为易，如果不知道应变，则往往会碰得鼻青脸肿，头破血流。所以，我们在人际交往中要会应变。应变不仅要有快速性，还包含应变的内容有巧妙性，使人听了之后感到机智幽默，巧妙无比，拍手叫绝，回味无穷。

看看下面两个事例：

事例一：一次，大哲学家苏格拉底与客人谈话时，他脾气暴躁的太太突然跑进来，大骂了苏格拉底一阵之后，还觉不解气，又提起一桶凉水往苏格拉底头上一淋，把他淋得像个落汤鸡。苏格拉底笑了笑，对客人说：“我就知道，闪雷之后，必有大雨。”本来很难堪的场面，被苏格拉底的轻描淡写几句就化解了。

事例二：杜罗夫是俄罗斯一位著名的丑角。

一次演出幕间休息的时候，一个很傲慢的观众走到他的身边，讥讽道：“丑角先生，观众非常欢迎你吧？”

“是的。”

“要想在马戏班里受到欢迎，丑角是不是就必须具有一张愚蠢而又丑怪的脸蛋儿呢？”

听到此话，很多人围了过来。

“确实如此。”杜罗夫明白了这位观众的恶意，立即回答说，“如果我能生一张像先生您那样的脸蛋儿的话，我准能拿到双薪。”

这位傲慢观众的脸蛋儿和杜罗夫能否拿双薪，本来没有丝毫内在联系，但幽默的杜罗夫却巧妙地把它们牵扯在一起，轻松地为自己解了围。

由此可见，善于随机应变的人，常常在于己不利的场合，运用出色的言语，把原来不利于自己的情况变通一下，大事化小，小事化了，轻轻松松地渡过难关。

因此，为了使你在窘境中得到解脱，为了练就一副在任何情况下都对答如流的口才，为了在社交场合免受尴尬之苦，为了使你临危不乱，应该努力培养自己的语言应变能力。这就要求在平时的口才训练当中，要多积累经验，以培养和提高自己的语言应变能力。

要提高自己的语言应变能力，就要多参加富有挑战性的活动。在实践活动中，我们必然会遇到各种各样的问题和实际的困难，努力去解决问题和克服困难的过程，就是增强人的应变能力的过程。

学习应变的各种方法和技巧，并根据问题、情况的不同，灵活运用应变方法和技巧。语言应变要求具备较高的文化素养和较强的语言驾驭能力。一个人如果文化修养好，对各种事物都有所了解和掌握，再加上语言表达方式灵活，词汇丰富，那么他讲起话来一定会得心应手，应对时就能做到游刃有余，应付自如。

无论家庭、学校还是小团体，都是社会的一个缩影，在这些相对较小的范围内，我们可能会遇到各种需要良好应变能力才能解决的问题。因此，只有首先学会应变各种各样的人，才能推而广之，应付各种复杂环境。只有提高自己在较小范围内的应变能力，才能推而广之，应付更为复杂的社会问题。实际上，提升自己的语言应变能力，是一个不断实践的过程，也是一个不断获得更多欢迎的过程。

说话也要紧跟时代潮流

孙中山先生曾说过："世界潮流，浩浩荡荡，顺之则昌，逆之则亡。"这句话说的正是明晰信息和判断形势的重要性，不妨可以视为我们掌握最新资讯的指导思想。

我们正处在一个信息爆炸的时代，信息是这个时代的最大财富。社会在发展，知识在更新，昨天还流行的东西，今天很可能就已经落伍了。了解和掌握最新最准确的资讯，才能及时了解这个时代，了解这个社会，才能更好地与人交往。

在与人交谈时，我们也许会遇到这样的情况：大家对某一话题发表各自的意见，有人却一脸茫然，默不作声。其实，不是他不想说话，也不是他口才不好，而是他对谈论的话题一无所知。

小王从事文字编辑工作，天天只与文字打交道，所以他对时下流行的元素知之甚少。

有一次，他和两个朋友在一起聊天，他们谈到了关于即将上市的第八代苹果手机，可是小王却一直插不上嘴。

一个朋友说："听说，美国苹果公司继 iPhone 7 后将推出 iPhone 8。"

另一个朋友接着说："是的，我也看了最近的报道，iPhone 8 在功能上将会比 iPhone 7 提高很多。配置方面摄像头将会提升到更高的像素，系统也将提高一个版本，屏幕会变成无边框的。"

"摄像头提高了像素，照片一定特别清晰了。可惜的是屏幕却没有变。

我觉得再大一点，拿在手里的感觉会更好。”第一个朋友接着说。

“嗯，其实，我也喜欢大一点儿的手机。”

……

两个人聊得很投机，把小王“晒”到了一边。

为什么会出现这种情况呢？原因就是小王对iPhone 8不了解，他不关注当下最新最流行的资讯信息，所以接不上话茬儿。

由此可见，在信息时代，如果你不能很好地了解最新的资讯，就会造成沟通的障碍。当别人在滔滔不绝、高谈阔论时，你只会傻傻地听着，却又不知所云。

有一位男士到一家服装店挑选衣服，他发现这家店里衣服的面料几乎都是用牛仔面料做的，正准备离开，一位售货员拿着一本杂志走到他的身边。

售货员把杂志递给这位男士，并指着杂志上的模特说：“先生，这是最新一期的时尚杂志，您看，杂志上的模特穿的衣服也是用牛仔面料做的。从服装盛行趋向上看，今年春季，强调温馨、耐磨特性，用牛仔面料做的服装将盛行。从国际T台上的服装秀上来看也反映出这点，用仿牛仔面料制成的男式西装、西裤等将成为潮流点。”

不用说，后面的销售工作自然水到渠成。

售货员之所以成功地做成了生意，是因为他了解最新的时尚资讯，这极大地满足了大众追逐潮流的心理。因此，在这个信息时代里，我们的确不可小看最新资讯的巨大作用。

我们生活在一个信息世界里。看电视，上网浏览，玩手机，刷微信朋友圈都是在获取信息。现代社会信息量越来越大，传递信息的速度越来越快，人们获取信息的途径越来越广。所以，我们要紧跟时代的步伐，快速了解和掌握最新的资讯，这是提高人际交往一个有效方法，也才能说出与别人有共鸣的话，获得良好的交流效果。

Chapter 2

情商高让你说出的话，别人听着更舒心

长话短说让人心里舒服

情商高的人绝对不会做一个令人讨厌的人，现实中有些人说话常常貌似健谈，说起来没完没了，一句接着一句、一段接着一段的人，往往令人心烦。他自己说得起劲似乎不用喘气，听者自然也没有停歇的机会，好像面对一条泛滥的河流，总也望不到尽头。换做是你，受得了这样的谈话吗？

但凡情商高的人说话，肯定会抓住要点，长话短说，这才是赢得别人喜欢的一件法宝，也是一种说话的策略。德国著名诗人和戏剧家贝托尔特·布莱希特讨厌那些冗长单调而又没有多大效果的会议。一次，有人请他参加一个作家的聚会，并让他致开幕词。布莱希特公务缠身，不想参加，便委婉地拒绝了。哪知，举办人并不罢休，他们想尽一切办法，直至布莱希特无可奈何地答应为止。

开会那天，布莱希特准时到会，悄悄地坐在最后一排。主办人看到后，把他请到了主席台就座。一开始，主办人讲了一通很长却没有什么实际内容的贺词，向到会者表示欢迎，然后，高声激动地宣布：

“现在，有请布莱希特先生为我们这次大会致开幕词。”

布莱希特站了起来，快步走向演讲的桌子前。到会的记者们赶紧掏出笔和小本子，照相机也“咔嚓咔嚓”地响个不停。不过，布莱希特却让一些人失望了，他只讲了一句话：

“我宣布，会议现在开始。”

马克思的女儿燕妮，有一次请教当时德国一位著名的历史学家，问他能否将古今的历史缩写成一本简明的小册子。教授笑着答道："不需要。"他接着说："其实只需用四句谚语，就能概括古今的历史：当上帝要某人灭亡的时候，往往先让其有炙人的权势；时间就是一个巨大的筛子，最终会淘去一切历史的沉渣；蜜蜂盗花，但结果反而使那些花开得更盛，妩媚迷人；暗透了便望得见星光。"

从上面的故事中我们可以看出，长话短说往往让人听着舒服，而且也是说话交谈中的最佳方法。在谈话时，最重要的就是说出你要谈论的主题，其余的客套话尽量少说，这样和你交谈的人才不会感到心烦意乱。

当然，长话短说也须针对特定的对象。假如对方跟你并不是很熟悉，而你一上来就直奔主题，势必让人感到很唐突，效果也不会达到最佳状态。

一般说来，针对那些跟自己关系比较熟识的人，或者是在一些比较正式的场合，如商业谈判、会场、作报告演讲等，如果能做到抓住要点，一针见血，没有那么多冗长的废话，就一定会很快吸引听众，使他们迅速地进入主题；而一味长篇大论，结果肯定会不得要领。

给你找到话题，轻松畅快聊

在生活中肯定会遇到这种人，他们和什么人都能聊到一起，并且能聊得开心。这些人之所以能做到，是因为他们善于利用自己的情商，和不同的人在一起能巧妙找到话题，打破沉默。在彼此完全陌生、尚未相识的情况下，情商高的人就会察言观色，以话试探，寻求共同点。抓住了共同点，就抓住了可谈的话题。如果是因为话不投机，出现难题，那就要求同存异。有时候聊天的对象有什么顾虑，或是沉默的原因不明，这个时候最好是找个话题，引起对方的兴趣，说个笑话，谈点趣闻都可以活跃气氛。

对一个普通人来说，他自己的名字是全世界最重要的。因此你只需说："你的名字真好听，你能和我讲讲它的来历吗？"这样的开端总是能够让你们的交谈取得意想不到的效果。

哈里·贝洛斯是一家苗圃批发公司的地区销售经理。他们公司多年来一直试图拉到一个叫彼得·梅诺斯基的大零售商。已经有好几个推销员找过他，但都没有结果。最后，总裁把贝洛斯叫来让他为此跑一趟。

贝洛斯做的第一件事就是叫每一个推销员去调查梅诺斯基先生的喜好，每个人告诉他的都一样：梅诺斯基先生特别在意自己名字的发音和拼写。

因此，贝洛斯到图书馆查梅诺斯基一名的民族起源，之后才去拜访他。

刚刚被带到他办公室，贝洛斯就说："我很早就想见到您，梅诺斯基先生。您知道，我一直对姓名的民族起源很感兴趣，这是我的一种爱好。目前我知道您的名字源于斯洛伐克语，但我没能查到它的意思是什么。我知道您的首字‘彼得’意思是可靠、可信赖，但字典上却查不到您的姓是什么意思。您能告诉我吗？”

梅诺斯基先生盯着贝洛斯说：“你怎么知道我是斯洛伐克人？你怎么知道我不是波兰人？所有的推销员好像都认为我是波兰人！”

“因为您的名字。”

“天哪！你真聪明，”梅诺斯基说，“我想我愿意和你做生意。”

后来，梅诺斯基跟贝洛斯讲了他父亲到美国时身无分文，举目无亲，还谈了一个多小时他的家庭背景，他父亲的祖国，他的爱好和兴趣。

然后，贝洛斯带着迄今为止从苗圃零售商那里得到的最大订单离开了。从那时起，梅诺斯基就成了他们的稳定客户。

如果你了解一个人的工作性质，并且以此和他聊天，他会很高兴的。你只需说：“我一直对您的职业感兴趣，您能告诉我一些有关您的职位和您所做的工作的情况吗？”这通常足以让对方滔滔不绝地讲上整整一个钟点或更长时间。

有一次，卡耐基让一位年轻的打字员向他解释自己的工作。他告诉了卡耐基有关打字机的很多事情。卡耐基快要被那些技术名词淹死了。事实上，你很可能像卡耐基一样得到许多许多信息，但这时候一定要耐心，记住你的目标是为了支配和控制对方。

谈对方的爱好，也是一个很好的切入点。多数人都有某种业余爱好，或是滑雪，或是垂钓、打保龄球、高尔夫、园艺、音乐，等等。很多情况是人们在业余爱好和在自己的职业上一样都是专家。他们通常都爱谈论自己的爱好，想让对方在聊天中感到舒服，只需问问他们的爱好即可。但在这样做的时候要注意两点：一是不要形成一连串的盘问；二是不要探听对方的隐私。高情商的人通常都会这样做，自己想了解对方的什么情况，就会先谈自己的什么情况，扩大自己的开放区域，来促使对方扩大开放区域，这样就容易找到许多可谈的话题。如果你想了解对方的业余生活，可以问对方：平时有什么兴趣爱好？业余时间喜欢做点什么？但是很可能对方只说了“喜欢旅游，听听音乐”这么一句话，就不再说了。那你就谈谈自己的业余爱好，谈得具体、详细一些，这样就会引发对方的谈兴，使对方感觉到这是舒心的谈话。

会说话能使人愉快接受批评

在日常生活中，我们偶尔会看到批评人的情境，不少场景都是火花四溅，有欲大打出手之势。而这和说话的方式有很大的关系，情商高的人即使去批评别人，也会很巧妙地使用方法，让对方心悦诚服地接受批评。

戴尔·卡耐基就是一个很善于运用谈话技巧的人，他批评自己的学生及属下，不会引起反感甚至反弹，都会使对方心服口服地接受批评，同时在以后也很少再犯此类错误。

由于事业的发展，卡耐基开办了人事发展班。这个班的重心是沟通人际关系和发展良好的人际关系。招收的学员来自各种机构。包括机关单位、汽车经销公司、工厂和银行。

有一天，来自加利福尼亚旧金山市的一位保险商向卡耐基发火："我上完了你的课程后，发觉自己的推销才能的确有进步，但为什么还是不能把我的业务搞上去呢？"

卡耐基此刻露出了微笑，他告诉这位经销商："有一棵苹果树，它接受了阳光、雨露、养料，春天开花，夏天结果，秋天成熟，成熟的时候，并非所有的苹果都会在一块儿成熟。有些苹果早已红透了，而有的依旧青青待熟，并非它不会成熟，而是时间还没有到而已。"

这名推销商此时平静下来，他明白自己太急功近利了，在愉快中接受了批评，离开了纽约。

一年后，卡耐基收到加州这名商人的一封信，信中有一张感谢信，意外的是，还有一张他的业务单，居然是当时加州最大的一张保险单。并且，他在信中雄心勃勃地说，他要将保险事业推到全国。

卡耐基在教授课程中，经常把这个例子讲述给他的学员听，让他们吸取经验。

作为卡耐基的秘书，莫莉，一位漂亮而又娴静的姑娘，她认为卡耐基可能是世界上最好的上司，永远也听不到他用尖锐刻薄的语言来批评下属。

一天，莫莉匆匆整理卡耐基明天要讲演的稿件，离下班只有一刻钟，可她着急回家，于是她将稿件整理好，放在桌子上，便离开了。

第二天下午，她坐在办公室里正看着《纽约时报》，这时卡耐基演讲回来，笑吟吟地看着她。

莫莉便问："卡耐基先生，演讲成功吗？"

"非常成功，掌声四起。"

"那祝贺您了！"莫莉由衷地笑着说。

看着这个纯洁的姑娘，卡耐基继续笑着说："莫莉，你知道吗？我今天去给人家演讲如何摆脱忧郁，创造和谐的主题，我一打开演讲稿，读了下去，下面便哄堂大笑。"

"那一定是你讲演太精彩了！"

"的确很精彩，我读的是一段关于如何让奶牛多产奶的一条新闻。"说完，笑吟吟地拿出了一张报纸，递给莫莉。

莫莉的脸一下红了，她喃喃地说："昨天我太粗心了，卡耐基先生，这不会令你丢脸吧？"

"当然没有，你这样做使我自由发挥得更好，还得感谢你呢！"

从此以后，莫莉再也没有因为要着急回家或干其他什么事而做错过什么。因为她觉得卡耐基是个风趣而又大度的上司。

卡耐基认为，能够避免批评他人便尽量避免；非得批评的时候，也要动动脑子"笑里藏刀"。比如，为了不让对方过于紧张，要做到先说笑话让对方融入自己的氛围中来，然后提出批评，使他（她）在甜蜜中接受批评，事情就解决了。批评不能一直围绕着批评来，不能为了批评而批评，说话也不能太重，把问题扩大化，否则还很容易引起逆反心理，造成你说你的，他丝毫没听进去。更不能说话太重，使对方产生错误的理解，这样反而容易把事弄糟。

把口误说出去的找回来

“人有失足，马有漏蹄。”同样，在人们的交际过程中，无论谁，都免不了随时可能发生言语失误。虽然个中原因有别，但它造成的后果却是相似的：或贻笑大方，或纠纷四起，有时甚至不可收拾。情商高的人都有这个才能，就是自己说错的话他能找回来——采取一定的补救措施或者矫正，避免言语失误带来的难堪局面。

一次，美国总统里根访问巴西，由于旅途疲乏且年事已高，在欢迎宴会上，他脱口说道：“女士们，先生们！今天，我为能访问玻利维亚而感到非常高兴。”

有人低声提醒他说漏了嘴，里根忙改口道：“很抱歉，我们不久前访问过玻利维亚。”

尽管他并未去过玻利维亚，但当那些不明就里的人还来不及反应时，他的口误已经淹没在后来滔滔的大论之中了。这种将说错的地点时间加以掩饰的方法，在一定程度上避免了当众出丑，不失为补救的有效手段。只是这里需要的是发现及时、改口巧妙的语言技巧，否则要想化解难堪也是困难的。

如果在实际中遇到这种情况，要快速进行补救。首先可以迅速将错误言辞引开，避免在错中纠缠。就是接着那句话之后说：“然而正确说法应是……”或者说：“我刚才那句话还应作如下补充……”这样就可将错话抹掉，或者是巧改错误的意义。当意识到自己讲错了话时，干脆重复肯定，将错就错，然后巧妙地改变错话的含义，将明显的错误变成正确的说法。

有时候说错了话，等自己反应过来了，也不要直接往回收，可以采取顾左右而言他的办法。某校某班在一次高考中，数学和外语成绩突出，名列前茅。校长在评功总结会上这样说："数学考得好，是老师教得好；外语考得好，是学生基础好。"

在座的老师听罢沸沸扬扬，都认为校长说法显得有失公正。一位教师起身反驳："同一个班，师生条件基本相同。相同的条件产生了相同的结果，原是很自然的事，不公平的对待，实在令人费解。原有的基础与而后的提高是相互联系的，不能设想学生某一学科基础差而能提高得快，也不能设想学生某一学科基础好而不需要良好的教学就能提高。校长对待教师的劳动不能一视同仁，将不利于团结，不能调动广大教师的积极性。"

会场有人轻轻鼓掌，然后是一阵静默。而静默似乎比掌声对校长更有压力和挑战意味。校长没有恼怒，反而"嘿嘿"地笑起来，他说：

"大家都看到了吧，× 老师能言善辩，真是好口才。很好，很好！言者无罪，言者无罪。"

尽管别人猜不透校长说这话的真实意思，然而却不得不佩服他的应变能力：他为自己铺了台阶，而且下得又快又好。听了上述回答后，无人再就此问题对校长继续追击。

既要撤退，就不宜作任何辩解，辩解无异于作茧自缚，结果无法摆脱。

说错了话之后，大多数人都会自我羞辱一阵，然后去向人低声道歉，接着便灰溜溜地离开。但许多情况下，仅靠一句"对不起"是不足以获得谅解的。以博拉的事件为例：

有一次，博拉在和同事谈话时称其上级是"机器人"，结果被上级知悉。于是博拉给上级写了一张条子，约他抽空谈一谈，上级同意了。

"显而易见，我用的那个词绝无其他用意，我现在倍感悔恨。"博拉向上级解释说，"我之所以用'机器人'之类的词汇，只不过是想开个玩笑，我感到上级对我们有些疏远、麻木，因此，'机器人'三字只不过是描述我这种感情的一种简短方式。"上级为博拉合情合理的解释和自我批评而深受感动，他甚至当即表态，说要努力善解人意，做个通情达理的人。

幽默的语言拉近距离

和他人之间的距离使我们在个人生活中，总是不断地、交替地扮演着主人和客人的角色，因此我们有可能要去应付不合理的要求、令人不快的行为或者闹得不像话的场面。有人想平息餐桌上的争论，他提了一个十分意外的问题："诸位，刚才是一道什么菜？大概是鸡！""是的。"一位客人回答。"一定是公鸡！"这人一本正经地说，"原来是鸡在作祟，难怪大家要斗起来。"说完他举起酒杯："来点灭火剂吧，诸位！"一场餐桌上的口角顷刻间平息了。

情商高的人比较善于化解很多困境，这个没有任何秘诀，只有依靠幽默的语言。当百货公司大拍卖，购货的人又推又挤的时候，每个人的脾气都犹如枪弹上膛，一触即发。有一位女士愤愤地对结账小姐说："幸好我没打算在你们这儿找'礼貌'，在这儿根本找不到。"结账小姐沉默了一会儿，说："你可不可以让我看看你的样品？"那位女士愣了片刻，笑了。作家欧希金也曾以幽默摆脱了一个困境。他在他的《夫人》一书中，写到了美容产品大王卢宾丝坦女士。一次在他自己举行的家宴中，一位客人不断地批评他，说他不应该写这种女人，因为她的祖先烧死了圣女贞德。其他客人都觉得很窘，几度想改变话题，但是都没有成功。谈话越来越令人受不了，最后欧希金自己说："好吧，那件事总得有个人来做，现在你差不多也要把我烧死了。"这句话马上使他从窘境中脱身出来，随后他又加上一句妙语："作家都是他的人物的奴隶，真是罪该万死！”

每一个有经验的领导都知道，要使身边的下属能够和自己齐心合作，就有必要将自己的形象人性化。有一位年轻人新近当上了董事长。上任第一天，他召集公司职员开会。他自我介绍说：“我是杰利，是你们的董事长。”然后打趣道：“我生来就是个领导人物，因为我是公司前董事长的儿子。”参加会议的人都笑了，他自己也笑了起来。他以幽默来证明他能以公正的态度来看待自己的地位，并对之具有充满人情味的理解。实际上他委婉地表示了：正因为如此，我更要跟你们一起好好地干，让你们改变对我的看法。

有时我们确实需要以有趣并有效的方式来表达人情味，给人们提供某种关怀、情感和温暖。据说有位大法官，他寓所隔壁有个音乐迷，常常把音乐声放大到让人难以忍受的程度。这位法官无法休息，便拿着一把斧子，来到邻居家门口。他说：“我来修修你的家电。”音乐迷不由得吓了一跳，急忙表示抱歉。法官说：“该抱歉的是我，你可别到法庭去告我，瞧我把凶器都带来了。”说完两人像朋友一样笑开了。

这位法官并不是想把邻居的东西砸坏，而是含蓄地表达了对邻居的不满——请注意：是对音响而不是对人——他的行为似乎是对音乐迷说：“我们是朋友，我希望和你好好相处，至于你的音响，我可以修理一下。”

某大公司的董事长和税务局局长有矛盾，双方很难心平气和地坐在一起，可是又必须把他们都请来，参加一个重要的会议。他们不得不来了，但是双方都视而不见，犹如两个陌生人。这时会议主持人抓住他们的矛盾，进行了一瞬间的趣味思考。他向人们介绍这位董事长时，说：“下一位演讲的先生不用我介绍，但是他的确需要一个好的税务律师。”听众爆发出一阵大笑。董事长和税务局局长也都笑了。

不要正面揭示或回答问题，而是用愉悦的、迂回的方式揭示或回答问题，往往能收到更好的效果。著名足球教练罗克尼，也是个善于进行趣味思考的人。有一次球赛，罗克尼的诺特丹足球队在上半场输给威斯康星队7分。可是他在休息室中一直与队员们开玩笑，直到要上场进行下半场比赛时，他才大喊："听着！"队员们惊慌失措地望着他，以为他要把每一个人都大骂一通。但是罗克尼接下来却说："好吧。小伙子们，走吧。"没有责备，没有放马后炮，也没有指手画脚强调下半场如何踢球。罗克尼的乐观、豁达，克服了队员们心理上的障碍，帮助他们忘掉艰难的处境。他的球队在下半场创造了奇迹，踢出了一连串漂亮的、近乎神奇的球。后来，罗克尼对采访他的人说："不是我赢了，而是我的方法赢了。因为我知道我们精神上赢了，那么球也就赢了。"

幽默作家班奇利，在一篇文章中谦虚地谈到他花了15年时间才发现自己没有写作的才能。结果一位读者来信对他说："你现在改行还来得及。"班奇利回信说："亲爱的，来不及了。我已无法放弃写作了，因为我太有名了。"这封信后来被刊登在报纸上，人们为此嘲笑了他很长时间。事实是班奇利的幽默作品闻名遐迩，但他没有指责那位缺乏幽默感的读者。他以令人愉悦的、迂回的方式回答了问题，既保护了读者的自尊心，也保护了自己的荣誉。如果你对自己幽默的语言没有足够的自信，不妨学学孩子式的幽默。即使在50岁以后，我们也经常为孩子们由天真而产生的幽默所感动。他们是真正以坦诚待人，不会隐瞒任何事实。当他们毫不掩饰地道出心里想的或事实真相时，人们一下子就喜欢上他们，跟他们在一起会感到跟任何人在一起都无法感到的轻松、愉快。

有一次，里卡克在家里请几位朋友吃饭。朋友来了，他妻子要他的小女儿向客人说几句欢迎的话。她不愿意，说："我不知道要说些什么话。"这时一位来做客的朋友建议："你听到妈妈说什么，你就说什么好了。"他女儿点点头，说："老天！我为什么要花钱请客？我们的钱都流到哪儿去了？"里卡克的朋友们大笑起来，连他妻子也不好意思地笑了。这就是孩子式的幽默。他女儿把母亲的想法以极纯真的方式说了出来，使大人们也不得不认真地检讨一下自己的想法，同时也减轻了我们对金钱方面的忧虑。里卡克从中得到了一点东西：孩子式的幽默能使我们显得格外真诚。

幽默的语言必须真实而自然。我们经常看到和听到一些政治家们的幽默言行。他们大多把幽默的力量运用得十分自如，真实而自然，没有耸人听闻，也不哗众取宠，更不是作秀。这是因为，他们都知道太精于说妙语和笑话，对个人的形象并无帮助。但是，有的人就不那么高明了，他们摇头摆尾、手势又多又复杂。有的人智力平平，却非要附庸风雅，企图以成串的笑料和廉价的笑来博得听众的欢心。他们硬要把自己塞进别人的肚子里，不顾别人是不是有这个胃口。结果也许是真的引起了笑，但很可能是嘲笑他形象的滑稽和为人的浅薄。

芝加哥有个人，他一心想得到某俱乐部主席的位置。他有一次在俱乐部的会议上，表现过了头，在不到两小时的演说过程中，他至少说了50则笑话，并配以丰富的表情和确实引人发笑的手势，听众们被逗得哈哈大笑。末了，在他讲完最后一则笑话时，有人大叫“再来一个！”这位老兄也真的再来了一个，再次把人逗得疯狂大笑。但是他没有当上俱乐部主席，他的票数是候选人中的倒数第二。当他闷闷不乐地走出俱乐部时，他问那位喊“再来一个”的听众：“你说我比他们差吗？”“不，一点儿也不差，”那人说，“你比他们有趣多了，你可以去当喜剧演员。”

勇于自嘲的人才有权利开别人的玩笑。海利·福斯第说：“笑的金科玉律是，不论你想笑别人怎样，先笑你自己。”笑自己的观念、遭遇、缺点乃至失误。有时候还要笑笑自己的狼狈处境。每一个迈进社会的人得有随时挨人“打”的心理准备，如果缺乏笑自己的反馈功能，那么他将难以接受很多的考验。

有人对一位公司董事长颇为反感，他在一次公司职员聚会上，突然问董事长：“先生，你刚才那么得意，是不是因为当了公司董事长？”

这位董事长立刻回答说：“是的，我得意是因为我当了董事长。这样我就可以实现从前的梦想，亲一亲董事长夫人的脸蛋。”董事长敏捷地接过对方取笑自己的目标，让它对准自己，于是他获得了一片笑声。连那位发难的人也忍不住笑了。

笑自己的长相，或笑自己做得不太漂亮的事情，会使你变得较有人情味儿。如果你碰巧长得英俊或美丽，要感谢祖先的赏赐。同时也不妨让人轻松一下，试着找找自己的缺点。如果你真的没有什么有趣味的缺点，就去虚构一个，缺点通常不难找到。

诙谐提升高度，低俗拉低形象

人际交往中，一句得体的玩笑话，可以让人松弛神经，活跃气氛，营造出一个适于交际的轻松愉快的氛围，因而诙谐的人常能受到人们的欢迎与喜爱。诙谐幽默一方面取决于个性；一方面也要掌握适当的方法。一个人幽默的语言，也是要讲究方式方法，把握好度，一旦过度了就会造成不必要的误会。还有一点需要切记，不要把低俗当作幽默，有些人把能讲荤段子当作幽默，开口便来，其实这只会拉低他在别人心里的形象。

开玩笑的内容要高雅。笑料的内容取决于开玩笑者的思想情趣与文化修养。内容健康、格调高雅的笑料，不仅让人听着舒服，而且还可以给对方启迪和精神的享受，也是对自己美好形象的有力塑造。钢琴家波奇一次演奏时，发现全场有一半座位空着，他对听众说："朋友们，我发现这个城市的人们都很有钱，我看到你们每个人都买了两三个座位的票。"于是演奏厅的听众放声大笑。波奇无伤大雅的玩笑话化解了窘境。

说话的态度要友善，与人为善是开玩笑的一个原则。开玩笑的过程，是感情互相交流传递的过程，如果借着开玩笑对别人冷嘲热讽，发泄内心厌恶、不满的感情，那么除非是傻瓜才识不破。也许有些人不如你口齿伶俐，表面上你占到上风，但别人会认为你不能尊重他人，从而不愿与你交往。

行为还要适度。开玩笑除了可借助语言外，有时也可以通过行为动作来逗别人发笑。有对小夫妻，感情很好，整天都有开不完的玩笑。一天，丈夫摆弄鸟枪，对准妻子说："不许动，一动我就打死你！"说着扣动了扳机。结果，妻子被意外地打成重伤。可见，玩笑千万不能过度。

对象要分清。同样一个玩笑，能对甲开，不一定能对乙开。人的身份、性格、心情不同，对玩笑的承受能力也不同。对方性格外向，能宽容忍耐，玩笑稍微过大也能得到谅解。对方性格内向，喜欢琢磨言外之意，开玩笑就应慎重。对方尽管平时生性开朗，假如恰好碰上不愉快或伤心事，就不能随便与之开玩笑。相反，对方性格内向，但正好喜事临门，此时与他开个玩笑，效果会出乎意料的好。和长辈、晚辈开玩笑切忌轻佻放肆，特别忌谈男女情事。几代同堂时的玩笑要高雅、机智、幽默、解颐助兴、乐在其中。在这种场合，忌谈男女风流韵事。当同辈人开这方面玩笑时，自己以长辈或晚辈身份在场时，最好不要掺言，只若无其事地旁听就是了。和非血缘关系的异性单独相处时忌开玩笑（夫妻自然除外），哪怕是开正经的玩笑，也往往会引起对方反感，或者会引起旁人的猜测非议。要注意保持适当的距离。当然，也不能拘谨别扭。朋友陪客时，忌和朋友开玩笑。人家已有共同的话题，已经形成和谐融洽的气氛，如果你突然介入与之开玩笑，转移人家的注意力，打断人家的话题，破坏谈话的雅兴，朋友会认为你扫他面子。

场合要适宜。美国总统里根一次在国会开会前，为了试试麦克风是否好使，张口便说："先生们请注意，五分钟之后，我对苏联进行轰炸。"一语即出一片哗然。里根总统在错误的场合、时间里，开了一个极为荒唐的玩笑。为此，苏联政府提出了强烈抗议。在庄重严肃的场合不宜开玩笑。总之，开玩笑不能过分，尤其要分清对象和场合。

同时掌握一些开玩笑的方法，对于提升自己的形象也是很有帮助的。比如在说话时通过对比可以揭示事物的不一致性，使用对比句是逗笑的极好方法。古罗马政治家西塞罗就常用这一方法，比如："先生们，我这个人什么都不缺，除了财富与美德。"

有时候反复申说同一语句，能够产生不协调气氛，从而获得幽默效果。比如牛群的一段著名相声中的"领导冒号"。在说话的时候巧用歇后语。歇后语也是一种转折形式；它分为前后两部分，前面部分一出，造成悬念，后面部分翻转，产生突变，"紧张"从笑中得宣泄。如："三九天穿裙子——美丽动（冻）人。”

通过语言材料的变通使用，把正常情况下人物关系，本末、先后、尊卑关系等在一定条件下互换位置，能够产生强烈的幽默效果。引用对方言论来说话，能以其人之语还治其人之身。如老师对吵闹不休的女学生说：“两个女子等于一千只鸭子。”不久，师母来校，一个女学生赶忙向老师报告：“先生，外面有五百只鸭子找您。”

当一个表达方式原是用于本义，而在特定条件下扭曲成另外的意义时，便能获得幽默效果。空中小姐用和谐悦耳的声音对旅客命令道：“把烟灭掉，把安全带系好。”所有的旅客都按照空中小姐的吩咐做了。过了五分钟后，空中小姐用比前次还优美的声音又命令道：“再把安全带系紧点吧，很不幸，我们飞机上忘了带食品。”

运用丰富的想象，把话说得生动，也能收到幽默效果。大家比较熟悉的幽默“心不在焉的教授”，也是运用了夸张这一手法的。教授：为了更确切地讲解青蛙的解剖，我给你们看两只解剖好了的青蛙，请大家仔细观察。学生：教授！这是两块三明治面包和一只鸡蛋。教授（惊讶地）：我可以肯定，我已经吃过午餐了，但是那两只解剖好的青蛙呢？

弗洛伊德就曾把天真看成是最能令人接受的诙谐的形式。一位妇人抱着一个小孩走进银行。小孩手里拿着一块面包直伸过去送给出纳员吃。出纳员微笑着摇了摇头，“不要这样，乖乖，不要这样。”那个妇人对小孩子说，然后回过头来对出纳员说，“真对不起，请你原谅他。因为他刚刚去过动物园。”

语言幽默的方法还有很多，诸如比喻、转折、双关、故作曲解、故作天真、谐称等也都为人们所喜闻乐见。多在现实中练习自己的幽默能力，让人听到你的话感到舒服有趣，那么你的形象也会随之发生改变。

会自嘲的人都是高情商

一些成功的人经常会拿自己开涮，而且会让人觉得这个人平易近人，这恰恰是他们情商高的表现；而情商低的人往往表现为极度自尊，自我保护意识极强，容不得别人说自己，自嘲就更不可能了。

自嘲是一种表现自己的能力，在不经意中以幽默的方式呈现出自己的个性。如果在工作中一味埋头苦干，沉默寡言，有时会埋没自己，这就要求你必须通过积极的自我推销，才能引起领导的注意和重视。也许你自尊心较强，不善于自我表现，这时你就可以采用自嘲的方法以玩笑的口吻去积极地表现自己，若想引起领导的注意，只有一条出路，就是积极为自己创造更多的机会。

以自嘲的方式表现你的才智。一个人的才智是多方面的，假如你是想表现你的口语表达能力，你要在谈话中注意语言的逻辑性、流畅性和风趣度；如果你要想表现你的专业能力，当上级问到你的专业学习情况时就要详细一点说明，你也可以主动介绍，或者问一些与你的专业相符的新工作单位的情况；如果你想要让上级知道你是一个多才多艺的人，那么当上级问到你的爱好兴趣时就要趁机发挥，或主动介绍，以引出话题。如果上级本身就是一个爱好广泛的人，那么你可以主动拜师求艺。至于表现自己的忠诚与服从，除了在交谈上力求热情、亲切、谦虚之外，最常用的方式是采取附和的策略，这时自嘲的手段就能派上用场。上级最喜欢的是你在他面前保持谦虚和服从的态度，而自嘲恰恰能使你符合领导的心意。通过自嘲，既可以表现你的才智，又能满足上级的心理需求。

人有百种，各有所好。假如你投其所好仍然说服不了上级，没有被对方所接受，你应该重新考虑自己的选择。倘若期望值过高，目光盯着热门单位，就应该适时将期望值下降一点，这时要以自嘲的态度对待自己，比如说你可以这样想，那些单位虽然热门，但自己的能力可以在其他部门中独当一面，又何必去热门单位当“凤尾”呢？这正如美国咨询专家奥尼尔所说的一样：“如果你有修理飞机引擎的技术，你可以把它变成修理小汽车或大卡车的技术。”这种自嘲的态度不但能让你获得心理平衡，还能在更合适的部门发挥你的能力。

以自嘲的态度最大限度地表现自己的品德。人是复杂的、多面的，既有长处，也有短处。如何扬长避短，最大限度地表现自己的品德，这是对你自身素质的考验。善于自嘲的人能够回避自己的缺点，而让美好的一面放射出光彩。你是否能以自嘲的态度最大限度地表现出自己的才能和品德呢？这取决于你是否有自嘲的才能，记住，自嘲是成功的一大秘诀，它有利于丰富你的形象，有利于你事业的成功。那么，如何最大限度地表现自己的品德呢？请记住“尽善尽美”四字。马尔腾认为：“事情无大小，每做一事，总要竭尽全力求其完美，这是成功的人的一种标记。”人们都想得到一个较高的位置，找到一个较好的机会，使自己有“用武之地”。但是，怎样才能达到较高的位置，怎样才能把握较好的机会呢？一味向上级推销自己是不可取的，如果你轻视自己简单的工作，看不起自己平凡的位置与渺小的日常事务，那么你无论如何也不可能取得成功。

要学会在自嘲中表现自己。青年人大都喜欢表现自己，但如果表现不好，就容易给人一种夸夸其谈、轻浮浅薄的印象。因此，自嘲的语言或许是最大限度地表现你个性的最好办法。你不要这样想：“我数年埋头苦干，兢兢业业，却默默无闻。”“现在是干的人不香，说的人飘香。”如果你这样想的话，那么就证明你缺乏自嘲心胸和修养。请你自问一下，别人不愿意做的事情，是否领导都了解？靠别人发现，总归是被动的。靠自己积极地表现，才是主动的。但过度的表现会引来反感，而以自嘲的手法表现自己的才能或许是最有效的方法。我们发现，许多成功者都善于用自嘲的方法积极地表现自己，当他们以自嘲的态度处理问题时，会得到他人的赞许。学会自嘲，学会表现自己吧！在适当的场合、适当的时候，以自嘲的方式向你的领导和同事表现你的能力和业绩，这是很有必要的。

另辟蹊径，与众不同。这是一种显示创造力，超人一等的自我推销方式。款式新颖、造型独特的物品常常是市场上的畅销货；见解与众不同、构思新奇的著作往往供不应求。他人不修边幅，你则不妨稍加改变和修饰；他人总是扬长避短，而你则可以公开自己的某些弱点，并以自嘲的态度说，“圣人都有缺点，我离圣人仅有一步之遥，当然会有缺点了”，这不但能博得别人的哈哈大笑，还能获得人们的理解与谅解；他人自命清高，你则自称孤陋寡闻；他人只求可以，你则以严肃的态度，一本正经地对待工作，并自嘲说“我要创第一流业绩，成为标兵”，这样别人就不会再取笑你。总之，倘若你愿意并能合理运用自嘲的语言来表现自己，就一定可以收到异乎寻常的效果。

说话也要有良好的精神面貌

良好的精神面貌是一种鲜明的态度。它如同一块有力的磁石，会像鲜花吸引蝴蝶一样，把他人吸引到自己身边来。如果你和别人交谈的时候，有良好的精神面貌，这样会给对方留下深刻而美好的印象，从而建立起友谊和信任关系，交流起来也会更加走心。

塞克斯是一家公司的销售员。凭着对销售工作的无限热情及良好的精神面貌，他叩开了无数经销商壁垒森严的大门。有一次，他路过一家商场，进门后先问候了店员，然后就与他们聊起天来。通过闲聊，他了解到这家商场有许多不错的条件，于是想将自己的产品推销给它们，但却遭到了商场经理的严厉拒绝，经理直言不讳地说："如果进了你们的货，我们是会亏损的。"塞克斯岂肯罢休，他想尽了各种方法试图说服经理，但磨破嘴皮都无济于事，最后只好十分沮丧地离开了。他驾着车在街上溜达了几圈后决定再去商场。当他重新走到商场门口时，商场经理竟满面堆笑地迎上前，不等他解释，经理马上决定订购一批产品。

塞克斯被这突如其来的喜讯搞蒙了，不知这是为什么，最后商场经理道出了缘由。他告诉塞克斯，一般的销售人员到商场来很少与营业员聊天，而塞克斯首先与营业员聊天，并且聊得那么融洽；同时，被他拒绝后又重新回到商场来的销售人员，塞克斯是第一位，他的热情感染了经理，为此也征服了经理，对于这样的销售人员，经理还有什么理由再拒绝呢？

热情作为一种精神状态是可以互相感染的，如果你始终以最佳的精神面貌出现在人们面前，你的热情会像野火般蔓延开来，你就能感染和打动每个人。

有一位经销商曾讲过这样一件事：

A 公司是国内很有竞争力的公司，它们的产品质量优秀，进入食品行业已有一年时间，销售业绩不错。

经销商说："有一天，我的秘书电话告诉我 A 公司的销售人员约见我。我一听是 A 公司的就很感兴趣，听客户讲它们的产品质量不错，我也一直没时间和他们联系。没想到他们主动上门来了，我就告诉秘书让他下午 3 点准时到我的办公室来。"

"3:10 我听见有人敲门，就说请进。门开了，进来一个人。他穿一套旧的皱皱巴巴的浅色西装，走到我的办公桌前说自己是 A 公司的销售员。"

"我继续打量着他，羊毛衫，打一条领带。领带飘在羊毛衫的外面，有些脏，好像有油污。黑色皮鞋，没有擦，看得见灰土。"

"有好一会儿，我都在打量他，心里在开小差，脑中一片空白。我听不清他在说什么，只隐约看见他的嘴巴在动，还不停地放些资料在我面前。"

"他介绍完了，没有说话，安静了。我一下子回过神来，我马上对他说把资料放在这里，我看一看，你回去吧！"

"就这样我把他打发走了。在我思考的那段时间里，我的心里没有接受他，本能地想拒绝他。我当时就想我不能与 A 公司合作。后来，另外一家公司的销售经理来找我，一看，与先前的那位销售人员简直是天壤之别，精明能干，有礼有节，是干实事的，我们就合作了。"

由此可见，每天保持良好精神面貌的人，富有朝气、气势如虹，处处显得高人一截；而每天愁眉苦脸、精神萎靡的人，就算他潜能再大，在别人眼里，也是低人一截。

一个人拥有良好的精神面貌，他的内心便会充满阳光，永远拥有信心和希望。即便是身处绝境的情况下，也能以豁达开朗的心胸面对未来。

生性开朗乐观的劳伦斯，终于实现了自己翱翔蓝天的愿望——当上了飞行员。他十分高兴，逢人便讲。一天，劳伦斯遇到了一个朋友，便告诉他："前几天，我在大草原的上空练习飞行，当时的景色真是美丽极了。飞在天上的时候，我发现什么烦恼都没有了。”

“那会不会有危险？”朋友担心地问。

“飞行当然有一定的危险，不过飞机上安全设备很齐全，通常情况下，没事的。”

“可是，万一那些安全设施失灵了怎么办？”

“不会那么巧。就算安全设施失灵了，还有应急措施呢。即使一切都失灵了，还可以跳伞自救。”

“跳伞也有很大的危险啊。万一跳伞失败，可就是以性命为代价啊。你能保证你跳的每一次都一定有把握？”

劳伦斯觉得这个朋友也太多虑了，就开玩笑地说：“草原上干草垛多得是，就算跳伞失败了，我也会想办法落到干草垛上去的。”

“怎么能够正好落上去呢？即使你能落在上面，但万一草垛上碰巧插了一把粪叉，那可危险了。”

“草垛那么大，我也不一定就正好落到粪叉上啊。”

“要万一落到上面呢，那时候可真的会没命的。”

“就是有万一，这所有的不幸也不会都让我摊上吧！”劳伦斯耸耸肩。

由此可见，具有良好精神面貌的人，常常可以积极乐观地看待事情，他们总是信心十足地投入生活中去。如果一个人具有良好的精神面貌，热情自信、大度诚实、友好善良，就能很容易建立和谐的人际关系，更好地展示自己，提高个人的吸引力及人际交往水平。

会提问是会说话的基础

在社会交往中，我们要和别人打交道，最重要的一点就是要学会提问，而且会提问往往也是一次良好沟通的破冰阶段。会说话的人往往会提问，而且提出的问题会让被提问者感觉到舒服。提问对于促进交流、获取信息、了解对方有重要的作用。掌握了提问的技巧，就能帮你打开对方的话匣子。

提问也是一门艺术，讲究一定的方式和方法。不同的提问方式，会得到不同的回答效果。

让我们看看下面两则小故事：

一位信徒问牧师："我在祈祷的时候可以抽烟吗？"牧师拒绝说："不行！"另一位信徒则问："我在抽烟的时候可以祈祷吗？"牧师回答说："可以！"

有甲乙两家相邻的卖粥小店。甲店和乙店的客流量、粥的质量相差无几，表面上看两家每天的生意都一样红火。然而到晚上算账的时候，乙店总比甲店多出几百元，天天如此。为什么会这样呢？差别只在服务员的一句话。

当客人走进甲店，服务小姐热情招待，微笑服务，盛好一碗粥后就会问客人："加不加鸡蛋？"客人有的说加，有的说不加，大概各占一半。

而客人走进乙店。服务小姐同样微笑着热情招待，给客人盛好一碗粥，就会问客人："加一个鸡蛋，还是加两个鸡蛋？"一般情况下，爱吃鸡蛋的就要求加两个，不爱吃的就要求加一个。也有要求不加的，但是很少。

由此看来，提问虽然看似简单，但不同的提问方式，所得到的结果可能有天壤之别。如果你想掌握良好的提问方法，首先要考虑提什么问题；其次是如何表述问题。另外，何时提出问题也是至关重要的一点。只有把这三点有机地结合起来，并根据具体情况灵活地提出问题，提问才能恰到好处，取得满意的效果。

提问是一把万能钥匙。一个善于提问的人，不仅能掌握会话的进程，控制会话的方向，同时还能开启对方的心扉，拨动对方的心弦。但提问也有一些禁忌，不是什么都能问的，如果问得不好，就会给自己带来麻烦。

一家饭店刚刚招聘了一个女服务员，可她却只上了一天班就被老板辞退了，原因是她不小心问了一句不该问的话。

那天，这位女服务员刚一上班，店里就进来了3位客人，她随即拿来菜单，让3位客人点菜。3个人点完菜后，其中一个人特别强调要用干净一点的杯子倒啤酒。

不一会儿，她将3位客人所点的菜端了出来，一边朝他们坐着的方向走来，一边还大声地向这3位客人问道："你们谁要用干净一点儿的杯子盛酒……"她的这一句问话，让老板毫不客气地把她辞退了，因为她的问话很使老板脸上无光。言外之意，饭店里的杯子没洗干净。

由此可见，在日常交谈中，有些方面是不宜提问的，愚蠢的问话只会引起对方失笑甚至反感，给自己带来烦恼。

在日常交际中，会提问的人会聪明地避开一些提问的禁区，比如在提问的时候不会涉及女士的年龄，家庭内务及存款，工作情况及经济收入，身体或疾病情况，夫妻感情，私生活，不愿意公开的工作计划，不愿意为人知道的隐私。

总之，在生活中，有些事情是你该知道的，那么你就要去问；而有些事情是你不该知道的，那么就要管住自己的嘴不去问。凡对方不知道或不愿别人知道的事情都应避免问。时刻要记住，提问的目的是引起双方的兴趣，而不是使任何一方感到无趣。

说话时更要有宽容之心

高情商的人往往都有一颗宽容的心，他们懂得宽容别人的过错，特别是在说话的时候也会表现出容人的度量。

一位高僧受邀参加素宴，席间，发现在满桌精致的素食中，有一盘菜里竟然有一块猪肉，高僧的随从徒弟故意用筷子把肉翻出来，打算让主人看到，没想到高僧却立刻用自己的筷子把肉掩盖起来。一会儿，徒弟又把猪肉翻出来，高僧再度把肉遮盖起来，并在徒弟的耳旁轻声说："如果你再把肉翻出来，我就把它吃掉！"徒弟听完后再也不敢把肉翻出来。

宴后高僧辞别了主人。归途中，徒弟不解地问："师父，刚才那厨子明明知道我们不吃荤的，为什么把猪肉放到素菜中？我只是要让主人知道，处罚处罚他。"

高僧说："每个人都会犯错误，无论是有心还是无心。如果让主人看到了菜中的猪肉，盛怒之下他很有可能当众处罚厨师，甚至会把厨师辞退，这都不是我愿意看见的，所以我宁愿把肉吃下去。"

这个故事告诉我们，无论做什么事，都要给别人留点余地，做到得饶人处且饶人。说话也是如此，在与人交谈时，不要明明在道理上占了上风，还要口上不留情，咄咄逼人，这样只会闹得不欢而散，破坏良好的人际关系。

老崔是公司里的资深技术员，平时为人和蔼友善，在公司里的人缘很好，同事们有技术上的问题都喜欢向他请教。

但是在公司的一次例会上，经理却抓住老崔犯的一个小错误，当众对他进行严厉的批评，老崔的脸色顿时变得很难看。经理继续指责他，甚至说出“不要以为自己是老同志”这样过分的言辞，最后老崔忍不住和他当众吵了起来。大家都很意外，平时脾气那么好的老崔竟然当众顶撞领导，经理也很尴尬，草草地结束了会议。

后来，老崔在公司里变得沉默了，工作起来也没有什么激情。不久，他就提出了辞职。其实经理知道老崔是个优秀的技术人员，他走了对公司是个损失，但是考虑上次的“不欢而散”，觉得自己的领导威信受挫，也就不好挽留了。

生活中常常有些这样的人，得理不饶人，说话不给别人留面子，结果撕破脸皮，因小失大，闹个不欢而散，鸡飞狗跳影响团结。

所谓“得饶人处且饶人”，就是说话时，让别人有个台阶下，为他人留点面子和立足之地，这不太容易做到，但如果能做到，对自己则好处多多。譬如，某公司一位员工经常迟到，上司若是当面对他说：“你怎么总是迟到，公司不是你开的，想怎么做就怎么做，你这种行为根本无视公司的规定，你自己好好反省反省。”与其这么说，倒不如抓住对方的“良心”说：“我想你内心必定也认为迟到是不对的，如果你能坚持这样正确的看法，相信在不久的将来，你也能发觉员工准时上班的乐趣。”这样的说法应更能让他接受。

谁都希望自己能被上司赏识。如果你的言语刺伤了他人，即使说得再多，他也会无动于衷；相反，若能肯定对方，之后再说出自己的意见，那将比任何威胁的话都来得有效。由此可见，得理饶人，委婉地批评别人，这可以给你带来许多好处，它使你的意见容易被接受，它使你不得罪别人，它还能有效地缓和双方的冲突。

柯立芝于 1923 年登上了美国总统的宝座，他有一位女秘书，人长得很漂亮，但工作中却经常粗心出错。一天早晨，柯立芝看见女秘书走进办公室，便对她说：“今天你穿的这身衣服真漂亮，正适合你这样年轻漂亮的小姐。我相信你的公文处理也能和你的打扮一样漂亮。”果然，从那天起，女秘书在公文处理上就很少出错了。

任何人都愿意听夸奖、听称赞，没有人愿意听别人的批评，因为挨批受训是一件没有面子的事情。所以，批评别人时要委婉，委婉地批评别人能够保全被批评者的面子，不会使被批评者尴尬，使他们在不知不觉中意识到自己的错误，从而痛改前非。

总之，在说话时，应该保持宽容的心，要顾及对方的面子，关注、照顾对方的感受，考虑说话的方式，做到将心比心，设身处地，而不能只图自己的一时痛快。

对别人的话感兴趣

有些人会发现自己和别人说话，说着说着就没有话说了，这是因为大家都各说各的，对别人的话不感兴趣。俗话说："话不投机半句多。"而情商高的人在和人谈话的时候，会抓住对方的兴趣，投其所好，不仅不会"半句多"，而且会千句万句也嫌少，越谈越投机，越谈越相好。

创业不易，对女人来说更是如此。关静是广州一家民营房地产公司的经理，在创业之初，由于人们对民营企业的偏见，公司的发展遇到很大的困难，各种批文很难拿到，严重制约了公司的发展。她在接受记者采访时说：

"在多次拜访国土局某局长失败后，我想再这样做，我将永远失败，在研究了人际关系并反复思考后，我想我应该找出对方喜欢的东西，来一个'投其所好'。"

"一天，我又到局长那里拜访。这一次，我学会了观察，我有了新的发现——局长身后的墙上有一幅巨大合影。上面，局长同余作家坐在沙发上开心地笑着。于是我对他说：'孙局，我一直想请余作家帮我签个名，但从未如愿，我听说，您跟余先生关系非常好，您怎么会跟他那么铁？'这一问有立竿见影的效果，孙局长的脸色马上变亮了。"

"这也没有什么，我本人很喜欢文学，很多年前，余作家还没有成名前，我们就是朋友……"

接着，关静又"小心翼翼""轻描淡写"地向孙局长点出了自己与余作家有很深的交情。这超过了他的预想，孙局长马上说："有时间，你请他到广州来，我来‘埋单’。”

关于这个话题，他们谈了足足两个小时，离开时，关静带着已批过的申请报告和局长对她工作更多支持的承诺。

现在，孙局长早已退休了，但他们仍然是很好的朋友。

由此可见，投其所好，谈论别人感兴趣的话题，常常可以把两个人的情感紧紧地连在一起，而且还是打破僵局、缩短交往距离的良策。

在与人交谈的时候，聪明的人会找对方感兴趣的事或物交谈，使谈话的气氛友好而和谐；而愚蠢的人则对自己感兴趣的事情或自己的爱好大肆吹嘘，使对方感觉到谈话乏味无聊。当然，不同的谈话形式带来的结果也不会相同。

曾经拜访过罗斯福的人，都会惊叹他的博学。不论你是什么职业、什么阶层的人，他都能针对你的特长侃侃而谈。其实这个道理很简单，当罗斯福知道访客的特殊兴趣后，他会预先研读这方面的资料以作为话题。因为罗斯福知道，打动人心的最佳方法，就是谈论对方所感兴趣的事情。

艾米丽是一个杰出的大学校长，大家都十分尊重和爱戴她，因为她总会无限地对别人尊重和感兴趣。一天，一个大学生到校长室申请一笔学生贷款，被批准了，这个大学生万分感激地向艾米丽道谢。正要退出时，艾米丽说："有时间吗？请再坐一会儿。"接着，学生十分惊奇地听到校长说："你在自己的房间里亲自做饭吃，是吗？我上大学时也做过。我做过牛肉，你做过没有？要是煮得很烂，这可是一道很好吃的菜呢！"接下去，她又详细地告诉学生怎样挑选牛肉，怎样用文火焖煮，怎样切碎，然后放凉了再吃。"你吃的东西必须有足够的热量。"校长最后说。多么了不起的大学校长！有谁会不喜欢这样的人呢？

美国纽约银行家杜威先生说道："我仔细研究过有关人际关系的书，发现必须改变策略，我决定去找出这个人的兴趣，想办法激起他的热忱。"所以，如果你希望别人喜欢你，就要抓住其中的诀窍：了解对方的兴趣，针对他所喜欢的话题与他聊天。

在一次大型汽车展示会上，某公司的汽车销售人员李丽红结识了一位潜在客户。通过对潜在客户言行举止的观察，李丽红分析这位客户对越野汽车十分感兴趣，而且其品位极高。虽然李丽红将本公司的产品手册交到了客户手中，可是这位潜在客户一直没给李丽红任何回复，李丽红曾经有两次试着打电话联系，客户都说自己工作很忙，周末则要和朋友一起到郊外的射击场射击。

后来经过多方打听，李丽红得知这位客户酷爱射击。于是，李丽红上网查找了大量有关射击的资料。一个星期之后，李丽红不仅对周边地区所有著名的射击场了如指掌，而且还掌握了一些射击的基本功。再一次打电话时，李丽红对销售汽车的事情只字不提，只是告诉客户，自己“无意中发现了一家设施特别齐全、环境十分优美的射击场”。下一个周末，李丽红很顺利地在那家射击场见到了客户。李丽红对射击知识的了解让那位客户对其刮目相看，他大叹自己“找到了红颜知己”。在返回市里的路途中，客户主动表示自己喜欢驾驶装饰豪华的越野汽车，李丽红告诉客户：“我们公司正好刚刚上市一款新型豪华型越野汽车，这是目前市场上最有个性和最能体现品位的汽车……”一次有着良好开端的销售沟通就这样完成了。

在这里，李丽红情商很高，她对症下药，从“射击”这一突破口切入，引起了对方的心理共鸣，从而轻易达到自己的办事目的。接触对方内心、通达对方心灵深处的妙方，就是和对方谈论他最感兴趣的事情。只要你懂得谈论对方最感兴趣的事情，那么你离成功也就不远了！

谈论对方感兴趣的事或物，是在无形中给对方一个赞美和肯定，会使你获得好感，从而拉近彼此之间的距离。

每个人都有自己感兴趣的事物或话题，所以，聪明的人总会找到他人的兴趣点，积极主动地为他人送上“一顿美味大餐”，这样做比漫无目的地乱说强一万倍。

言语也会有软暴力

看到暴力这个词，很多人会想到拳脚相加，这确实是暴力的一种。其实在说话中，很多人也会带有暴力因素。人们常说：一句话让人笑，一句让人跳。的确，生活中我们常能看到，情商高的人一句话可以化干戈为玉帛；情商低的人一句话也可以变亲友为仇人；一句话更可以改变人生；一句话可以功败垂成。所以，在与人交谈时，我们要注意自己的言语，尽量避免不必要的误会和冲突。

情商高的人在说话的时候，都会很注意控制情绪，因为他们明白放纵情绪的说话很容易引起冲突。情绪是指人们对客观事物所持态度产生的内心体验，在面对一些烦琐的事情时，人都容易产生焦躁不安，或者悲观，或者焦虑，或者沮丧，或者愤怒……这些都是情绪的一种表现。

我们每个人都生活在情绪的海洋中。情绪这东西十分微妙，难以言传，它看不见，摸不着，对我们的影响却超乎想象。

在拿破仑·希尔事业生涯的初期，他就曾受到个人情绪的困扰。有一次，拿破仑·希尔和办公室大楼的管理员发生了一场误会。这场误会导致了他们两人之间相互憎恨，甚至演变成了激烈的敌对状态。这位管理人员为了显示他对拿破仑·希尔一个人在办公室工作的不满，就把大楼的电灯全部关掉。这种情形已连续发生了几次。一天，拿破仑·希尔在办公室准备一篇预备在第二天晚上发表的演讲稿，当他刚刚在书桌前坐好时，电灯熄灭了。

拿破仑·希尔立刻跳起来，奔向大楼地下室，找到了那位管理员并破口大骂。他以无比火辣的词对管理员痛骂，直到他再也找不出更多的骂人的词句了，才放慢了速度。这时候，管理员直起身，转过头来，脸上露出开朗的微笑，并以柔和的声调说道：“你今天早上有点儿激动，不是吗？”管理员的话似一把锐利的剑，一下子刺进拿破仑·希尔的内心。拿破仑·希尔的良心受到了谴责。待他控制了愤怒的情绪后，他平静了下来，他知道自己不仅被打败了，而且更糟糕的是，他是主动的，又是错误的一方，这一切只会更增加他的羞辱。于是，拿破仑·希尔充满歉意地说：“对不起！我为我的行为道歉——如果你愿意接受的话。”管理员脸上露出微笑，说：“凭着上帝的爱心，你用不着向我道歉。除了这四堵墙壁以及你和我之外，并没有人听见你刚才说的话。我不会把它传出去的。我也知道你也不会说出去的。因此我们不如就把此事忘了吧！”

拿破仑·希尔向他走过去，抓住他的手，使劲握了握。拿破仑·希尔不仅是用手和他握手，更是用心和他握手。在走回办公室的途中，拿破仑·希尔感到心情十分愉快，因为他终于鼓起勇气，化解了自己做错的事。

之后，拿破仑·希尔下定决心，以后绝不再失去自制。因为当一个人不能控制自己的情绪时，另一个人——不管是一名目不识丁的管理员还是有教养的绅士——都能轻易地将自己打败。

由此可见，在与人沟通时，我们要控制好自己的情绪。如果不能控制自己的情绪，就不要和任何人沟通，因为这个时候不是在沟通而是在发泄自己的情绪。沟通的目的就是让别人知道并理解你的意图，当你带着情绪与别人沟通的时候，别人往往会记住你的情绪而忽略你讲的内容，更严重的是你的情绪会影响他的情绪，让他的沟通对你也有情绪，两个有情绪的人不是在沟通而是在吵架。所以，在说话时控制自己的情绪，对于每个人而言都是相当重要的，它能够避免人与人之间的误会和冲突。

说话要果断，做人别武断

大多数人都有自我主张，在一定程度上，强烈的自我主张有利于迅速果断地处理问题。然而自我主张过于强烈，自己表达观点的时候就很难听进去别人的意见，往往造成一意孤行，给自己带来麻烦，让别人厌恶。

在一个大森林里，有一只鹰王和鹰后，它们挑选了一棵又高又大的橡树，然后在上面筑巢，准备在那里度过一个夏天，以便养育后代。

鼹鼠无意间听到了这个消息，它很清楚那棵大橡树并不安全，于是向鹰王建议："这棵橡树可不是安全的住所，它的根快要烂光了，随时都有倒掉的危险，你们还是另找一个地方筑巢吧！"

"嘿，这真是怪事啊！我做事还要你提醒吗？"鹰王不高兴地说，"你们这些躲在洞里的家伙，难道你们的眼睛比鹰王的眼睛还锐利吗？你是什么东西，竟然胆敢跑来干涉鹰王的事情！"

鼹鼠一片好心，却招来了鹰王的唾弃，它伤心极了。鹰王不听劝告，只顾筑巢，并且两天后就把巢筑好了，然后全家搬了进去。不久，鹰后孵出了一窝可爱的小家伙。

一天早晨，鹰王早早地出去打猎，然后带着丰盛的早餐飞回来了。可是它看到的是凄惨的一幕：那棵橡树已经倒掉了，鹰后摔成了重伤，它那些还未学会飞行的小鹰都摔死了。鹰王伤心欲绝，放声哭道："我真是不幸啊！我真是活该啊！为什么不听鼹鼠的劝告啊！"

有时候自己的判断并不准确，尤其是自己不能从更高的角度去看待问题，这时别人的意见尤为重要。所以，在别人提出建议后，一定不要固执己见，要让自己静下来，耐心地听完别人的话，虚心听取别人的建议。

某建筑公司的一位工程部经理向他的一位下属说明了自己对某项工程的观点，这位下属觉得其中有许多不合理的地方，便小心谨慎地提出一些建设性的意见。谁知上司听了却大发雷霆："究竟你是领导，还是我是领导，究竟是你说了算，还是我说了算？"下属哑口无言，只好按上司所说的去做。但是事情的结果却大大出乎上司的意料，按他所说的观点设计出来的图样不符合客户的要求，遭到客户的强烈反对。上司只好要求下属重新返工进行改进，下属大为不满，冲突也就在所难免了。

试想一下，如果这位工程部经理起初认真听取下属的意见，事情也不会闹到这种不可收拾的地步，与下属的矛盾也就不会发生。美国著名女企业家玛丽·凯在《玛丽·凯谈人的管理》一书中指出："不善于倾听不同的声音，是管理者最大的疏忽。"所以说，对于别人的意见，我们要多分析、多思考，自己做错的地方要尽早纠正。

一家企业的一种新产品在市场上打响后，在初战告捷面前，这家企业的老总沾沾自喜，企业的几个"谋士"却当头给他一瓢冷水：绝不可以满足于某一种产品的成功，而应该不失时机地加大新产品开发的力度。这位老总虚心听取了大家的意见，积极加以部署，从而把市场的"蛋糕"越做越大。

俗话说，三个臭皮匠，顶得上一个诸葛亮。集思广益之下，会弥补自己的不足。高情商的人不但能善于倾听别人的建议，而且会主动去征求别人的意见，这样结合了别人意见的话，说出去的话会让别人感到更舒服，而且因为集思广益，事情做起来也更顺利。

说出的名字一定要准确

俗话说："人过留名，雁过留声。"姓名是人的标志，人们出于自尊，总是最珍爱它，同时也希望别人能尊重它。如果你与曾打过交道的人再次见面，能一下叫出对方的名字，对方一定会感到非常亲切，对你的好感也会油然而生。

你一定有这样的体会，当小孩出生后，父母为了他将来能够幸福和成功，千挑万选地为他取名，所以人们对自己的名字都有莫名其妙的感情。如此重要的名字有时候竟然被人写错，被人忘记，没有人心里会愉快的。既然人们如此重视自己的名字，踏入社会和人交往的第一秘诀就是记住他人的名字，绝不要第二次问人家的尊姓大名。因为记住他人的名字，是尊重一个人的开始，也是与人有效沟通的第一步。

吉姆·佛雷 10 岁那年，父亲就意外丧生，留下他和母亲及另外两个弟弟。由于家境贫寒，他不得不很早就辍学，到砖厂打工赚钱贴补家用。他虽然学历有限，却凭着爱尔兰人特有的热情和坦率，处处受人欢迎，后来他步入政坛。最让人佩服的是他还有一种非凡的记住人名的本领，任何认识的人，他都能牢牢记着对方的全名，而且只字不差。

他连高中都没读过，但在他 46 岁那年就已有 4 所大学颁给他荣誉学位，并且高居民主党要职，还曾担任邮政部长一职。

一次，有记者问起他成功的秘诀时，他说："辛勤工作，就这么简单。"

记者有些疑惑，说道：“你别开玩笑了！”

他反问道：“那你认为我成功的原因是什么？”

记者说：“听说你可以一字不差地叫出一万个朋友的名字。”

“不。你错了！”他立即回答道：“我能叫得出名字的人，少说也有五万人。”

这就是吉姆·佛雷的过人之处。每当他刚认识一个人时，他定会先弄清他的全名、他的家庭状况、他所从事的工作以及他的政治立场，然后据此先对他建立一个概略的印象。当他下一次再见到这个人时，不管隔了多少年，他一定仍能迎上前去在他肩上拍拍，嘘寒问暖一番，或者问问他的老婆孩子，或是问问他最近的工作情形。有这份本领，也难怪别人会觉得他平易近人、和善可亲。

古人云：“不知礼，无以立也；不知言，无以知人也。”记住别人的名字，不仅表达了你对别人的尊重，满足了人类基本的心理需求，拉近了人与人之间的距离，能产生其他礼节所达不到的效果，也体现了一个人的知识、涵养和魅力所在。

一位德高望重的教授，当有人问他深受学生爱戴的原因时，他说：“记住每个学生的名字。”

多年以前，教授在一家饭馆吃饭，忽然听到有人喊他老师，一抬头他发现是他们学院几年前毕业的一个学生和他的女友，看情形是刚交上不久的朋友。碰巧，教授记得这个学生，但当时忘了他的名字，只记得他姓季，就随口叫了“小季”。可等他刚叫出口，那个学生就惊喜得睁大了眼睛。说了几句话，教授又想起了他的名字，这一次他的惊喜简直无法形容。那位学生激动地说：“没想到过了这么多年老师还记得我！”

几天后，教授接到那位学生的电话，他在电话里不停地道谢！原来，他的女朋友起初对他不冷不热，但上次在饭馆吃饭时碰到老师，老师叫出了他的名字，女朋友对他的态度竟然改变了，她说老师过了这么多年仍能叫出了他的名字，说明他在大学时一定很不错。

从那件事以后，教授就意识到，一个老师随口叫出一个学生的名字对他来说是多么重要！所以，后来每接一个新班级，教授做的第一件事情就是在最短的时间内叫出班里所有学生的名字！

善于记住别人的名字是一种礼貌，也是一种感情投资，在人际沟通中会起到意想不到的效果。所以，牢记别人的名字，并正确无误地叫出来，对任何人来说都是一种尊重、友善的表现。否则，你不慎忘记而叫错了人家的名字，很可能还会招来一些不愉快的事。

拿破仑的侄子，法国国王拿破仑三世，就曾称他能记下他所见过的每一个人的名字。平日政务繁忙的他，还能做到这点，人们不禁要问这其中的窍门究竟何在呢？说穿了很简单，如果他在介绍时没听清对方的名字，他会立即说："抱歉！我没听清楚你叫什么名字！"如对方的姓名很特殊，他还会问："请问是怎样拼法？"在谈话之中，他会刻意地提起对方的名字，以加深自己的印象，并暗中注意对方的外形、表情和反应，记下对方的种种特征。

在美国总统的专业幕僚中，有一位幕僚的工作内容就是专门替总统记住每一个人的名字，然后每当总统在约见某人之前，这位专责幕僚就会先一步提醒总统此人的名字。而那位被总统叫得出名字的人，也会因总统竟然会记得他而雀跃不已，进而更坚定对总统的支持。许多成功者之所以会赢得人们的广泛欢迎与合作，往往得益于类似记住别人的名字并能顺利叫出来的十分不起眼的小事和细节。

世界上天生就能记住别人的名字的人并不多见，大多数人能做到这一点全靠有意识培养形成的好习惯。而你一旦养成了这个好习惯，它就能使你在人际关系和社会活动中占有很多优势。

美国一位学者曾经说过："一种既简单但又最重要的获得好感的方法，就是牢记住别人的姓名，并且在下一次见面时喊出他的姓名。"名字作为每个人特有的标识，是非常重要的。对一个人来说，自己的名字是世界上听起来最亲切和最重要的声音。它不但是获得友谊、达成交易、得到新的合作伙伴的通行证，而且能立即产生其他意想不到的效果。所以去尝试记住别人的名字，不仅是对他人的尊重和表示你对他人的重视，同时也会让别人对你产生更好的印象。

Chapter 3

真正的情商高，言行都是暖暖的

暗夸比明捧显情商

在《红楼梦》中有这样一段描写：史湘云、袭人一起劝宝玉好好读书，以后做官，宝玉对此大为反感，对着史湘云和袭人赞美黛玉说：“林姑娘从来就没有说过这样的混账话！要是她也说这些混账话，我早就和她生分了。”

恰巧黛玉此时走到窗下，听到了宝玉对自己的赞美，“不觉又惊又喜，又悲又叹”。之后，宝玉和黛玉二人互诉衷肠，感情倍增。在黛玉看来，宝玉是在背后赞美自己的，而且不知道自己会听到，这种赞美就不是刻意的。如果宝玉当着黛玉的面说这样的好话，生性多疑的黛玉可能会认为宝玉是在讨好她或打趣她。

由此可见，背后说别人好话要比当面恭维别人的效果好得多。你完全不用担心你所赞美的人会听不到你的赞美；在很多情况下，你对对方背后的赞美，很容易就会传到对方的耳朵里，对方也会因此对你另眼相待。

钱锺书先生所著的《围城》中的方鸿渐就是这样一位高手。他经苏小姐介绍认识了苏小姐的表妹唐晓芙。唐晓芙说自己是学政治的，这让方鸿渐了解到一个自己还算内行的信息。因此，他对唐晓芙夸赞道：“女人原是天生的政治动物，虚虚实实，以退为进，这些政治手腕，女人生来就全有。女人学政治，那正是以后天发展先天，锦上添花了。曾有一种说法，说男人有思想创造力，女人有社会活动力。所以，男人在社会上做的事该让给女人去做，男人好躲在家里从容思想，发明新科学，产生新艺术。我看此话甚有道理，女人不必学政治，而现在的政治家要想成功，都得学女人。政治舞台上的戏剧全是反串。老话说，要齐家而后能治国平天下。请问，有多少男人会管理家务的？管家要仰仗女人，而自己吹牛说大丈夫要治国平天下。把国家社会全部交给女人有多少好处。”

方鸿渐的一席好话说得唐晓芙心花怒放，喜不自禁。显然，他这样以面带点式的隐性赞美，比直截了当地吹捧唐晓芙更含蓄，效果也更好。

让对方觉得你的赞美真实可信，基本原则是：不要说些可有可无的客套话敷衍，要令你的赞扬真实可信。应让对方明白，你对他的赞赏是经过认真考虑的肺腑之言。

在称赞别人的时候，要明白无误地告诉他，是什么使你对他印象深刻。你的赞赏越是与众不同，就会越清楚地让对方知道，你曾尽力深入地了解他，并且清楚地知道自己现在有此表达的愿望。

称赞对方具备某种你所欣赏的个性时，你可以列举事例为证。比如，他提过的某个建议或采取过的某一行动：“对您那次的果断决定，我还记忆犹新呢。这个决定使您的利润额上升了不少吧？”

数据能使你的赞赏更加确实可信：“有一回我算了一下，用您的方法可以节省多少时间，结果是……”

赞赏要恰如其分。不要借一件不足挂齿的小事赞不绝口，大肆发挥，也别抓住一个细枝末节便夸张地大唱颂歌，这样太过牵强和虚假。

你的用词不可过分渲染夸张。不要动辄言“最”。当对方用五升装的大瓶为你斟酒时，你可别故意讨好：“这绝对是最好的葡萄酒。”

小心别让对方觉得你对他的称赞是例行公事。你当然应该比现在更经常地对你的伙伴表示赞赏，但可别在每次谈话时都重复一遍，特别是在对方与你经常见面的情况下，更要牢记这一条。最重要的一点是，不要每次都用一模一样的话来称赞对方。

赞赏对方的机会几乎总是出现在偏重私人性的谈话中。大多数时候在谈话中你一定会谈及其他事情。但你对顾客的称赞应始终成为一个相对独立的话题和段落。赞赏对方的这个时刻，你越是集中注意力，心无旁骛，赞赏的效果就会越好。所以，在这一刻你不要再扯其他事情，要让这一段谈话紧紧围绕你的赞赏之词，不要中途“跑题”。

让对方对你的赞美之辞有一个“余音绕梁”的回味空间，不要话音刚落就硬生生地谈其他双方有分歧的事，弄得对方前一刻的喜悦心情顷刻间化为乌有。

你的赞赏一定要注意表达方式，不要引起对方的曲解。

一个男青年晚上在饭店碰到一位认识的女士，她正和一位女伴在用餐，两人刚听完歌剧，穿戴漂亮。这位男青年不觉眼前一亮，很想恭维一下对方：“噢，玛丽，今晚你看上去真漂亮，很像个女人。”对方难免生气：“我平常看上去什么样呢？像个清洁工吗？”

在一次管理层会议上，一位报告人登台了。会议主持人向略显吃惊的观众介绍：“这位就是刘女士，这几年来她的销售培训工作做得非常出色，也算有点儿名气了。”这末尾的一句话显然画蛇添足地让人不太舒心，什么叫“也算有点儿名气”呢？

这些称赞的话会由于用词不当，让对方听来不像赞美，倒更像是贬低或侮辱。结果自然是不欢而散，事与愿违。

在表扬或称赞他人时，是最考验一个人的情商的，这个时候一定要谨慎小心，多察言观色。同时，充分调动自己的大脑，快速反应，根据不同情况快速调整自己的言辞。

巧妙地转移话题，化解尴尬

很多人都很喜欢黄渤，而且黄渤也是一个情商很高的人。一次，一个粉丝遇到他，和他聊天并称最喜欢他演的《天下无贼》。黄渤当时就蒙了，原来这个所谓的粉丝错把他当成了王宝强，而且这个人还让黄渤给自己签名。最后，黄渤签上了王宝强的名字。粉丝认错人、表错情的时候，黄渤是很尴尬的。但是，他如果签上黄渤，可能会让那个粉丝很难为情。所以，他选择签下王宝强的名字。很多人夸他情商高。黄渤自己却说：不要让自己和别人陷入尴尬的境地。

齐国有个姓田的大臣，他拥有良田千顷，房屋百间，广有资产，单是供养的门客就有数千人，随时可供他使唤，为他服务。

一天，他在家中的大庭院里举行隆重的祭祀典礼。参加盛典的客人纷纷献送各种礼物。有一位客人送上一条罕见的大鱼和一只珍奇的大雁。田氏看了十分高兴，不由得感慨地说："苍天对于人类可算是太优待了啊！它不但命令土地生长出五谷，供我们食用，还命令世界出产这些大鱼鸟类供我们尝鲜。啊，苍天多么仁慈和伟大啊！"

客人们听了，异口同声地奉承道："田大人妙言妙语，真是不同凡响！"

这时，有个姓鲍的门客带着一个十二岁的儿子赴宴会。那孩子这时忍不住站起来说道："田大人，您的说法我不敢苟同。依我看，世界各种物类同我们是一起产生的，人也是一种物类。凡是物类，都没有什么高低和贵贱，只是因为智力大小的不同，因而产生相互制约、迭相食用的现象，并不是苍天有意安排的。我们人类无非是索取可吃的物类来享用，难道这些东西是苍天有心为我们生产出来的吗？”

鲍家孩子说完这番话，他父亲的面色白得像张纸，手脚簌簌抖着，硬拉着儿子的衣襟，叫他落座，不要再说话。

客人们听了反响不一：有暗暗赞成的，有不以为然的，有笑小孩口出狂言的，也有一个劲儿看着主人脸色的。

田氏倒也气度恢宏，宽容地对着小孩道：“你说得有点道理，可是我要请教一点：如果这大鱼和大雁不是苍天有意为人类制造的，为什么它们的味道这么鲜美呢？”

鲍家小孩“霍”地站起，从容地答道：“田大人，蚊子叮人吸血，吃得津津有味，虎狼撕咬人肉，也吃得津津有味，难道也是苍天有意为它们享用美味而安排的吗？按照你的逻辑，苍天生出我们这些人类，原来都是给蚊子和虎狼做美食的啊！”

客人们不禁哄然大笑。

田氏满面笑容，走下主桌，向鲍家小孩敬了一杯酒，欣慰地说：“想不到我家门客家里有此聪颖过人的孩子。哎，要做到不埋没天下任何一个人才，真是很不容易的啊！”

田氏是有心胸的人，他巧妙地规避了与鲍家小孩针锋相对、当堂争辩的风险。不错，是“风险”，因为根据那小孩的口才，田氏输给他几乎是无疑的。但他只用了区区一句话，就把自己从失败者的位置解脱了出来，你看，他着重强调了这个聪明的孩子是“我家门客家里”，一下子，田氏的地位就又提高了，这种做法实在令人叫绝。

化解尴尬时应注意的问题。“打圆场”有别于“和稀泥”，打圆场是从善意的角度出发，以特定的话语去缓和紧张气氛、调节人际关系的一种语言行为，在日常生活中有着积极的意义。“打圆场”有技巧。如何才能使之收到最佳的效果呢？这里，不妨先听一个小故事：

有个理发师傅带了个徒弟。徒弟学艺三个月后，这天正式上岗。他给第一位顾客理完发，顾客照照镜子说：“头发留得太长。”徒弟不语。师傅在一旁笑着解释："头发长使您显得含蓄，这叫藏而不露，很符合您的身份。"顾客听罢，高兴而去。

徒弟给第二位顾客理完发，顾客照照镜子说："头发留得太短。"徒弟不语。师傅笑着解释："头发短使您显得精神、朴实、厚道，让人感到亲切。"顾客听了，欣喜而去。

徒弟给第三位顾客理完发，顾客边交钱边嘟囔："剪个头花这么长的时间。"徒弟无语。师傅马上笑着解释："为'首脑'多花点时间很有必要。您没听说：进门苍头秀士，出门白面书生！"顾客听罢，大笑而去。

徒弟给第四位顾客理完发，顾客边付款边埋怨："用的时间太短了，二十分钟就完事了。"徒弟心中慌张，不知所措。师傅马上笑着迎上前说："如今，时间就是金钱，'顶上功夫'速战速决，为您赢得了时间，您何乐而不为？"顾客听了，笑着告辞。

故事中的这位师傅能说会道，他机智灵活，巧妙地"打圆场"，每次得体的解说，都为徒弟摆脱了尴尬，让对方转怨为喜，高兴而去。他成功地"打圆场"的经验，给了我们诸多启示。

在现实中，避免让别人尴尬时，可以用吉言"打圆场"。以"动听"的话语来打动顾客，求得顾客的欢喜，是师傅成功"解围"的首要诀窍。"吉言顺耳"，爱听"吉言"几乎是人们共有的一种心理。师傅巧妙地利用人们的这种心理，在顾客抱怨时，有针对性地择用其易于接受的话语来博得对方的欢喜。这样，顾客的抱怨消失了，先前不快的心理得到"吉言"的"慰抚"，"欣喜而去"也就是很自然的了。

生活中的任何事情都包含着两重性，其中的对与错、利与弊是相对的。辩证地看待问题，得体地"扬长避短"，也是避免让人尴尬的良方。师傅针对各种不同的情况，采取"扬长避短"策略，用巧妙的语言去解释，通过"扬长"，引领对方换个视角，对先前不满意的事来一番换位思考，让对方从一个新的角度去体会佳妙之处，从而高高兴兴地接受自己的观点。

会“打圆场”才是会说话

“打圆场”不是不着边际的奉承，也不是油腔滑调的诡辩，它是一种说话的艺术。认真学习并掌握这种艺术，注意在特定的场合中“察言观色”，适时得体地“打圆场”，能让人变得更加有魅力。

打圆场是一种语言艺术，它的功能是：调解纠纷，化解矛盾，避免尴尬，打破僵局。打圆场必须从善意的角度出发，以特定的话语去缓和紧张气氛，调节人际关系。打圆场时要注意转移别人的注意力，岔开话题换新题。当尴尬或僵局出现时，有些人由于情绪上的冲动，往往会在一些问题上互不相让。在打圆场时，不妨岔开他们的话题，转移他们的注意力。

一次老同学聚会，大家见面分外亲热，聊得十分高兴。这时，一位男士对一位女士信口开河地说道：“你当初可是主动追求我的，现在还想我吗？”按理说，在老友重逢的场合下，这些话虽然有些不妥，但也无伤大雅。但这位女士由于某种原因心情不好，竟然脸色一变，气呼呼地说：“你神经病！谁会追求你这种心理龌龊的人？”她的声音很大，在场的人惊讶地看着她，都觉得很尴尬，场面一下子冷下来。这时，另一位女士站了起来，笑着说：“我们小妹的脾气还没变啊，她喜欢谁，就说谁是神经病。说得越厉害越让人受不了，就表明她越喜欢。小妹我说的对吧？”一番话，让大家都想起了大学时的美好生活，不由得七嘴八舌互相开起玩笑来，一场风波也就平息了。

在交际场合中，如果某个较为严肃、敏感的问题弄得交谈双方都很对立，甚至阻碍交谈正常顺利进行时，我们可以暂时让它回避一下，通过转移话题，用一些轻松、愉快的话题来活跃气氛，转移双方的注意力，或者通过幽默的话语将严肃的话题淡化，使原来僵持的场面重新活跃起来，从而缓和尴尬的局面。如朋友之间为了某个问题争得面红耳赤，僵持不下时，可以适时说一句“要把这个问题争得明白，比国家足球队赢球还难”；或者说一个笑话，让双方的情绪平缓下来，在轻松的气氛中让尴尬消失殆尽，使交际活动得以顺利进行。有时候，当人们因固执己见而争执不休时，造成僵持局面难以缓和的原因，往往已不是双方的看法本身，而是彼此的争胜情绪和较劲心理在作祟。实际上，对某一问题的看法本身，常常并不是固定不变的，随着环境的变化和角度的转移，不同乃至对立的看法可能都是合理和正确的。因此，在打圆场时要抓住这一点，帮助争论双方换一个角度来看待争执点，灵活地分析问题，使他们认识到彼此看法的相对性和包容性，从而让双方停止无谓的争论。

金小明、李强和陈飞三人约好周日上午九点去书城买书，并将碰头地点定在书城。九点整，金小明和李强准时到达；可等了半个多小时，也没见陈飞的影儿。他们便进了书城。没想到，在书城里见到了陈飞。急性子的金小明责备道：“我们在外面等了半个多小时也不见你的鬼影子。天寒地冻的，原来你一直在里面溜达呢！”陈飞也急了：“我八点五十就来了，一直在里面等你们！这么冷的天我总不能在外面傻等吧！”两人各说各的理，互不相让。

这时，李强打圆场道：“其实都是误会，大家谁也不想耽误对方的时间。”接着，他对陈飞说：“金小明今天穿得单薄，在外面等你时冻得直跺脚，发发牢骚也是情有可原。”然后又转头对金小明说：“人家陈飞也没有违约，比咱俩还先到十分钟呢。都怪咱们仨没把碰面地点是在书城门口还是里面说清楚，才造成这个小误会。下次可都要长记性啊！走，买书去。”

李强这么一说，两人的怨气果然消了，一同开始了快乐的购书行动。

金小明与陈飞争执不休，李强在打圆场时，没有轻率地厚此薄彼，而是强调各方“违约”的合理性，提醒他们求同存异，互谅互让，缓解了双方的对立情绪。

有时候善意地找个借口，给对方台阶下，也是为人打圆场的好办法。

有一次，著名演员新凤霞和丈夫举办敬老晚宴，请了文艺界许多著名的前辈。时年九十多岁的著名画家齐白石在看护的陪同下也前来参加。老人坐下后，就拉着新凤霞的手目不转睛地盯着她看。看护带着责备的口气对白石老人说：“您总盯着别人看什么呀？”白石老人不高兴了，说：“我这么大年纪了，为什么不能看她？她生得好看。”说完，老人家气得脸都红了，弄得大家都很尴尬。这时，新凤霞笑着对白石老人说：“您看吧，我是演员，不怕人看。”在场的人都笑了，场面气氛也缓和下来了。

新凤霞情商很高，大脑快速反应，恰当地为这件事打圆场，强调事件发生的合理性，以“自己是演员”为理由，证明白石老人看自己是正当而合理的，这样就顺利地摆脱困境，也给对方找到了行为的理由，交往活动也就能正常地进行。

真心鼓励的话要多说

无论任何人在面临挫折时都希望真心的鼓励，在取得成绩时都希望听到真诚的表扬。从心理学上讲，鼓励和表扬不但能感化对方，也能使你得到对方的爱戴和尊重。而且研究也发现，情商低的人往往更容易批评别人，发现别人的不足，情商高的则多能表扬鼓励别人。真心鼓励别人，对人不仅暖心，更是激励。

一位教师经常批评油画班的学生不完成作业，出于对训斥的反感，有个学生礼貌地建议老师，是否能以表扬完成作业的学生来取代批评没有完成作业的人。老师采纳了他的建议。果然，几个星期后，他不仅看到同学们认真完成作业，而且看到一个充满欢乐的集体。一位年轻的姑娘和一个严厉、专横的男人结婚。她的公公——一个爱对别人发号施令的人和他们生活在一起。对于他的强迫命令和苛刻评价，姑娘尽量不动声色，但是，对于他令人愉快、考虑周到的事情，如帮助她去食品店买东西，则给予热情的赞扬，不到一年她使老人变成了谦和有礼的人。可见，赞扬对行为有着不可估量的作用。哈佛大学藻类学专家B.F.斯金诺的实验也充分地肯定了这一点。他认为，鼓励不仅仅是奖赏和惩罚，它也是和一些行为的发生相联系的东西，它有着促使某种行为重新出现的趋向。当动物的大脑接收到鼓励的刺激，大脑皮层优势兴奋中心调动起各个系统的“积极性”，潜在的力量能动地变成了现实，行为发生了改变。他说:“我最初认识到这一问题，是在夏威夷海洋生物公司大型水族馆工作的时候。1963 年，我在那里担任海豚教练员的负责人。训练马和狗，可以用传统的训练方法，但是，对那些水生动物，不能使用皮带和马笼头，‘积极的鼓励法’是我们唯一的方法。”

“我们通常采取‘条件鼓励法。’运用条件反射原理，我们让一些原始的信号（声音、光等）和一些基本的鼓励（给食物）联系起来，使这些信号在它们头脑中和鼓励的刺激建立稳固的联系，当信号一出现，鼓励的作用也同时出现了。海豚教练员们经常在喂食的时间吹口哨，口哨成了海豚的鼓励信号。我曾见到，在没有给食物的条件下，动物们听到口哨，表演了一个多小时的节目。几年前，在纽约的布朗克斯动物园，看守人准备打扫大猩猩的笼子，唤它出来，猩猩不肯。无奈，看守人摇动手中的香蕉，想吸引它出来，可是，大猩猩不是不予理睬，就是抢到香蕉跑回原处。一个教练员看到这种情况指出：‘这种摇动香蕉的鼓励方法，从前没有实施过，因此不能奏效。但是，运用‘食物鼓励法’，无论什么时候，都能奏效。你应该把香蕉放在门前，让香蕉吸引猩猩自己走出来。’果然，大猩猩见到门前的香蕉，乖乖地走了出来。我把‘积极的鼓励法’应用到日常生活之中，收到立竿见影的效果。我的孩子不爱劳动，我经常大声呵斥他，这不仅无济于事，家庭的气氛也很紧张。我改变了教育方式，注意观察他令人喜欢的行为，例如，看到他帮助大人洗盘子的时候，就用赞许的口气鼓励他，果然，他开始热爱劳动了，家庭的气氛也和睦多了。一般来说，鼓励有两种形式，肯定的和否定的。肯定的鼓励，出自对主体需要的满足。例如，给予爱抚、表扬等。否定的鼓励，适用于禁止的、回避的事情。假如你要某人打电话给你，他没有这样做，你不能鼓励他，因为这是没有出现的事情；当他打电话给你的时候，你高兴地按上述方法去做，他会经常打电话给你的。如果你用否定的鼓励法，冷淡地对待他，也许，他从此便不会再给你打电话了。”从斯金诺的这番话中，我们可以看出鼓励的积极作用。鼓励的力量是相对的，不是绝对的。鼓励是有条件的。下雨对鸭子是肯定的鼓励，对猫却是否定的鼓励；在你温饱的时候，食物并不是鼓励的因素，但是，在训练动物的场所，这是各种鼓励法中最有效的方式。

在海洋上捕杀鲸鱼的人，采用许多种鼓励法。例如，用鱼诱惑，用抚摩、抓挠的方式，引起群体的注意或者用玩具，等等。动物们从没想到鼓励引起的行为是猎人们设下的陷阱。它们的诧异，正是被邀请表演的用意所在。鼓励是一种信息，通过传导的方式起作用。它准确地告诉对象，你喜欢、需要的是什么。在运动员和舞蹈演员的训练场上，教练的口令“对！”或者“好！”绝不是在训练结束后的更衣室内询问训练情况，事实上，它意味着发出需要动作的一个信号。观看足球赛和篮球赛时，我们经常被运动员受到喝彩和鼓励的激动人心的场面所打动。每当一个跳投得分或者精彩的险球之后，场下人群中爆发的雷鸣般的喝彩声使运动员和群众感情交流，融为一体，运动员们受到多么大的鼓舞啊！

鼓励要适时，不能过早也不能过晚。如果你说：“噢，孩子，昨天晚上你的行为多么高尚啊！”他会回答：“怎么，难道现在我有什么不高尚的行为吗？”当孩子们遇到挫折而灰心丧气的时候，我们应该经常鼓励他们对于没有成功的事情进行尝试。

当一个下属得到上级的鼓励时，他的心情会十分愉快，他会把上级的鼓励当成赞美，从这个角度看，鼓励的方式是多种多样的，如直接鼓励、间接鼓励、超前鼓励、转借鼓励等。

作为上级给下属的称赞一般可采用直接鼓励和间接鼓励。直接鼓励，即当着对方的面，以明确的语言表示赞许；间接鼓励，即运用眼神、动作、行为等向对方表示你赞赏的心情。上级对下属较大的鼓励应该是有明确指代的鼓励。如：“老李，今天下午你处理顾客退房问题方式极为恰当。”这种鼓励是你对他才能的认可。带有理由的。鼓励时若能说出理由，可以使对方领会到你是真诚的。如：“要不是采纳了你的建议，这次咱们公司的损失就可能难以估计了！”

鼓励不是瞎吹，不是胡说，一定要结合实际，根据人的表现，进行适度的鼓励。应当知道，每个人、每位下属都有他的长处和短处。作为朋友、合作者、上级，要能够看到别人的长处、看重他的长处。适度的鼓励，可以使他格外珍惜自己的长处，并格外努力。

言语坦率更吸引人

一个人在前进的途中，难免会出现这样或那样的过错。对一个欲求达到既定目标、走向成功的人来说，正确对待自己过错的态度应当是：闻过则喜、知过能改。人们大都有一个弱点，喜欢为自己辩护、为自己开脱。而实际上，这种文过饰非的态度常会使一个人在人生的航道上越偏越远。过而不文需要一种坚强的纠错意识和宽广的胸怀。一般人做不到这一点，首要的原因可能是虚荣心在作祟。一向认为自己各方面的能力都不错，很少有失误发生，久而久之，自然养成了“一贯正确”的意识，一旦真的出现过错，则在心理上难以接受。出于对面子的维护，人们会找理由开脱，或者干脆将过错掩盖起来。另外的原因是怕影响自己在他人中的威信及信任。其实，如果是作为下级，敢于正视自己的过错，可能会更加得到领导的赏识与信任；如果是作为上级，则过而不文也会使下属对自己更加敬重，从而提高自己的威信。

闻过则喜、知过能改是一种积极向上、积极进取的人生态度。只有当你真正认识到它的积极作用的时候，才可能身体力行去闻听别人的善意劝解，才可能真正改正自己的缺点和错误，而不致为了一点面子去忌恨和打击指出过自己过错的人。闻过易，闻过则喜不易，能够做到闻过则喜的人，是最能够得到他人帮助和指导的人，当然也是最易成功的人。而知过能改则是使一个人在激烈的竞争中从一个胜利走向另一个胜利的关键。“过而不改，是谓过矣！”有了过失并不可怕，怕的是不思悔改、一味坚持的人。这种人是很难走向人生的辉煌的！

格里·克洛纳里斯现在北卡罗来纳州夏洛特当货物经纪人。在他给西尔公司做采购员时，他发现自己犯下了一个很大的估计上的错误。有一条对零售采购商至关重要的规则是不可以超支你所开账户上的存款数额。如果你的账户上不再有钱，你就不能购进新的商品，直到你重新把账户填满——而这通常要等到下一个采购季节。

那次正常的采购完毕之后，一位日本商贩向格里展示了一款极其漂亮的新式手提包。可这时格里的账户已经告急。他知道自己应该在早些时候就备下一笔应急款，好抓住这种叫人始料未及的机会。此时他知道自己只有两种选择：要么放弃这笔交易，而这笔交易对西尔公司来说肯定会有利可图；要么向公司主管承认自己所犯的错误，并请求追加拨款。正当格里坐在办公室里冥思苦想时，公司主管碰巧顺路来访。格里当即对他说："我遇到麻烦了，我犯了个大错。"他接着解释了所发生的一切。尽管公司主管不是个喜欢大手大脚地花钱的人，但他深为格里的坦诚所感动，很快设法给格里拨来所需款项，手提包一上市，果然深受顾客欢迎，卖得十分火爆。而格里也从超支账户存款一事吸取了教训。并且更为重要的是，他意识到这样一点：当你一旦发现了自己陷入了事业上的某种误区，怎样爬出来比如何跌进去最终会显得更加重要。

当你不小心犯了某种错误时，最好的办法是坦率地承认和检讨，并尽可能快地对事情进行补救。只要处理得当，你甚至可以立于不败之地。如果你出现了错误，还启动智商动歪脑子想尽办法推脱，这样往往会让人心生厌恶。

重视别人也不要忽视自己

很多人在生活或工作中，说话的时候特别重视别人的感受，重视别人的想法，但是往往会忽视自己，这种完全以别人为主导的方式，会让绝大多数人在适应之后而忽视你的存在，导致你说的话做的事都会被忽视。

古希腊的大哲学家苏格拉底在临终前有一个不小的遗憾——他多年的得力助手，居然在半年多的时间里没能给他寻找到一个优秀的闭门弟子。

事情是这样的：苏格拉底在风烛残年时，知道自己时日不多了，就想考验和点化一下他的那位平时看来很不错的助手。他把助手叫到床前说："我的蜡烛所剩不多了，得找另一根蜡烛接着点下去，你明白我的意思吗？"

"明白，"那位助手赶快说，"您的思想光辉得很好地传承下去……"

"可是，"苏格拉底慢悠悠地说，"我需要一位优秀的承传者，他不但要有相当的智慧，还必须有充分的信心和非凡的勇气……这样的人选直到目前我还未见到，你帮我寻找和发掘一位好吗？"

"好的，好的。"助手很温顺很尊重地说，"我一定竭尽全力地去寻找，不辜负您的栽培和信任。"

苏格拉底笑了笑，没再说什么。

那位忠诚而勤奋的助手不辞辛劳地通过各种渠道开始四处寻找。可他领来一位又一位，总被苏格拉底一一婉言谢绝。有一次，当那位助手再次无功而返地回到苏格拉底病床前时，病入膏肓的苏格拉底硬撑着坐起来，抚着那位助手的肩膀说："真是辛苦你了，不过，你找来的那些人，其实还不如你……”

苏格拉底笑笑，不再说话。

半年之后，苏格拉底眼看就要告别人世，最优秀的人选还是没有眉目。助手非常惭愧，泪流满面地坐在病床边，语气沉重地说：“我真对不起您，令您失望了！”

“失望的是我，对不起的却是你自己。”苏格拉底说到这里，很失意地闭上眼睛，停顿了许久，才又不无哀怨地说，“本来，最优秀的人就是你自己，只是你不敢相信自己，才把自己给忽略了，不知道如何发掘和重用自己……”话没说完，一代哲人永远离开了他曾经深切关注着的这个世界。

那位助手非常后悔，甚至后悔、自责了后半生。

情商高的人重视别人的同时，绝不会忽略自己，否则自己会丧失许多成功的机会。很多时候，我们总是不敢相信自己，总是认为别人比我们要强很多，一件事情要得到别人的肯定才是正确的。其实这又何必呢？你自己本身就是一座金闪闪的金矿！只要你相信自己，给自己信心，认为自己是最好的，你就能够创造出非凡的成绩。

美国著名心理学家基恩，小时候亲历过一件让他终生难忘的事，正是这件事使得基恩从自卑走向了自信，也正是这种自信，使他一步步走向成功。

有一次，他躲在公园的角落里偷偷看到几个白人小孩在快乐地玩儿，他羡慕他们，也很想与他们一道游戏，但他不敢，因为自己是一个黑人小孩，心里很自卑。

这时，一位卖气球的老人举着一大把气球进了公园，白人孩子一窝蜂地跑了过去，每人买了一个，高高兴兴地把气球放飞到空中去。

白人小孩走了以后，他才胆怯地走到老人面前，低声请求：“您可以卖一个气球给我吗？”老人慈祥地说：“当然。你要一个什么颜色的？”

他鼓起勇气说：“我要一个黑色的。”老人给了他一个黑色的气球。他接过气球，小手一松，黑气球慢慢地升上了天空……

老人一边眯着眼睛看着气球上升，一边轻轻拍着他的后脑勺，说：“记住，气球能不能升起来，不是因为颜色、形状，而是气球内充满了氢气。一个人的成败不是因为种族和出身，关键是你内心有没有自信。”

重视自己一定能够获得成功，并坦然面对一切困难的心理状态，它是一种健康、积极的个人品质。纵观古今中外，大凡有所成就的人，他们无不对自己充满极大的信心，他们无不相信自己的力量，他们无不对未来充满信心。只有那些平庸一生的人总是不断怀疑自己，缺乏信心，正是这种信心的丧失使得他们卑微怯懦、唯唯诺诺。所以，你一定要拥有坚定的自信心，这样，你才能做出惊人的事业来。

布鲁金斯学会创建于1927年，以培养世界最杰出的推销员而著称于世。它有一个传统，在每期学员毕业时，都设计一道最能体现推销员能力的实习题，让学生去完成。

1975年，布鲁金斯学会设计的题目是让学生将一个微型的录音机推销给当时的总统尼克松，这个学会的一名学员成功了。克林顿当总统的八年期间，学会曾设计过一个题目，是让学员将一条三角裤头推销给克林顿总统，但是八年过去了，无一人推销成功。小布什当总统之后，学会又给学生的命题为：请你把一把斧子推销给布什总统。

实际上，美国总统布什什么也不缺，他要一把斧子干什么？即使说他需要斧子，也不需要他亲自去购买；退一步说他就是亲自去买了，也不一定会碰上你这个卖斧子的推销员。因而，要完成这个题目应该说是大海捞针——够难的了。

可是，有一个叫作乔治·赫伯特的学员，并不认为这个题目有多么难。他首先对完成这个题目充满自信，相信自己一定能够成功。而后围绕着斧子和布什总统的关系进行了一番详细的调查研究，得知布什总统在得克萨斯州有一座农场，农场里面长着许多树木，这些树木确实需要修剪。紧接着就给布什总统写信，阐明总统需要买一把斧子的理由。布什总统接信后，也认为是这样，确实有必要买一把斧子，一来对树木进行修剪；二来锻炼身体，经常到林子里呼吸一下新鲜空气；三可以调节一下总统繁忙的生活。于是立即给这位学生寄去了15美元，买回了一把斧子。

乔治·赫伯特成功后，布鲁金斯学会奖给了他一双上面刻有“最伟大的推销员”的金靴子，并在表彰他的时候说，“金靴奖”已设置了26年。26年间，布鲁金斯学会培养了数以万计的推销员，造就了数以万计的百万富翁。这双金靴之所以没有授予他们，是因为学会一直想寻找这样一个人——这个人从不因有人说某一目标不能实现而放弃，从不因某件事情难以办到而对自己也没信心。

在美国，一个华侨要为自己的孩子请一个汉语家教，有两个女研究生来应试，华侨向她们问了同样的两个问题。第一个问题是："你的汉语水平如何？"第二个问题是："你的汉字写得怎样？"第一个人很谦虚地回答："我的汉语水平一般，汉字写得还可以。"而第二个人拿出了自己的文凭、获奖证书以及自己的手写稿，自信地回答说："这两方面我都特别突出。"结果是第二个人获得了这份工作，第一个人被淘汰。

实际上，前者也是一个出类拔萃的人，但因她只注重别人的感受，表现出完全的谦虚，让人感觉她对自己不自信，最终丢掉了这份工作。所以说，对自己的高度肯定，是成功的基石，是一种发自内心的强烈信念，也是让别人认可你的一块基石。

说话尊重是最直观的尊重

与人交往艺术的核心在于对别人表示尊重，而言语是最直观的表现。古人云："尊人者，人尊之。"只有尊重自己的交往对象，交往对象也才会尊重你。在互相尊重的氛围下，谈话才能顺利进行。

哲学家威廉·詹姆士说过："潜藏在人们内心深处的最深层次的动力，是想被人承认、想受人尊重的欲望。"渴望受人喜爱、受人尊敬、受人崇拜，这是人类天生的本性。但是，有取必有予，我们希望获得些什么，也就必须首先付出些什么。我们希望获得别人的尊重，这就要求我们每一个人都要先学会尊重他人，这样我们才能获得别人的尊重。

人类是群体动物，而沟通是人类不可缺的。每一个人所说的每一句话，都带有某种信息；不管是职场或是生活中的事，是喜悦抑或愤怒的表达，这一切都必须依赖彼此的"沟通"。而要能有效的沟通，就必须在尊重的辅助下，才能事半功倍。

法国著名的将军狄龙在他的回忆录中曾讲过这样一件事：

第一次世界大战期间的一次恶战，他带领第80步兵团进攻一个城堡，但遭到了敌人顽强的抵抗，步兵团被对方压住无法前行。狄龙情急之下大声对他的部下说："谁设法炸毁城堡，谁就能得到1000法郎。"

狄龙认为士兵们肯定会前仆后继，但是没有一位士兵敢冲向城堡。狄龙将军恼怒异常，大声责骂部下懦弱，有辱法兰西国家的军威。

一位军士长听罢，大声对狄龙说："长官，要是你不提悬赏，全体士兵都会发起冲锋。”

狄龙听罢，转而发出另外一个命令：“全体士兵，为了法兰西，前进。”

结果，整个步兵团从掩体里冲出来，最后，全团 1194 名士兵只有 90 人生还。

对于一个军人，如果用金钱驱使他们作战，无疑是奇耻大辱。在他们看来，他们的尊严受到尊重比生命还重要。尊重的力量，在关键时刻起到了决定性的作用。

尊重是沟通心灵的桥梁。尊重他人，我们与人沟通就有了良好的开端。没有尊重的沟通是不可能持续下去的。只有相互尊重，才能相互认可，体验对方的心情，让对方乐于接受。

许多人认为，对别人的尊重应该是发自内心的，不需要特意表现出来。其实，任何人都是希望自己被尊重的，并且都希望自己得到的尊重被他人所了解。因此，对别人的尊重是要表达出来的，让对方感觉到自己对他的尊重是十分必要的。

一个颇有名望的美国富商在路边散步时，遇到一个衣衫褴褛、骨瘦如柴的摆地摊卖旧书的年轻人，在寒风中啃着发霉的面包。有着同样苦难经历的富商顿生一股怜悯之情，便不假思索地将 8 美元塞到年轻人的手中，然后头也不回地走开了。没走多远，富商忽然觉得这样做不妥，于是连忙返回来，从地摊上拣了两本旧书，并抱歉地解释说自己忘了取书，希望年轻人不要介意。最后，富商郑重其事地告诉年轻人说：“其实，您和我一样也是商人。”

两年之后，富商应邀参加一个商贾云集的慈善募捐会议时，一位西装革履的年轻富商迎了上来，紧握着他的手不无感激地说：“先生，您可能早忘记我了，但我永远也不会忘记您。我一直认为，我这一生只有摆摊儿乞讨的命运，直到您亲口对我说，我和您一样都是商人，这才使我树立了自尊和自信，从而创造了今天的业绩……”

富商万万也没有想到，两年前一句普通的话竟能使一个自卑的人树立了自尊心，一个穷困潦倒的人找回了自信心，一个自以为一无是处的人看到了自己的优势和价值，终于通过自己的努力获得了成功。

不难想象，这位富商当初即使给年轻人很多钱，若没有那一句尊重鼓励的话，年轻人也不会出现人生的剧变，这就是尊重的力量。

现实生活中，我们要学会尊重每一个人，无论一个人的身份和工作多么卑微，穿着或长相有多么寒酸，我们都应尊重他，这是我们应该具备的良好品质。要知道，尊重没有高低贵贱之分，而且尊重别人就是在尊重自己。

迈克就曾因不尊重他人而付出了沉重的代价。迈克是一家小服装公司的老板，其公司产品大都通过一家外贸公司销往国外。迈克的公司与这家外贸公司长期合作，保持着很好的业务往来。外贸公司的胖子经理就如同迈克的财神爷一样受到迈克的欢迎。

在一次谈判中，迈克极力劝说外贸公司和它们扩大贸易范围，但胖子经理就是不答应。迈克费尽了口舌，依然一无所获。此时，迈克恼羞成怒，胖子经理刚走，他就对手下人说："你看那胖子，往公司大门口一站，蚊子就只有侧着身子才能过来。"恰巧这时胖子经理回来取忘了拿的手机，正好听到了迈克的嘲讽。

胖子经理望了望迈克，拿起东西就走了，迈克甚为尴尬。之后他多次想方设法赔礼道歉，但胖子经理始终置之不理。这样，它们两家公司也就逐渐减少了合作，直至分道扬镳。迈克为此损失甚多。

有时，我们都希望赢得别人的尊重，却往往忽视了尊重别人。"己所不欲，勿施于人"是尊重他人的基本原则。心理学研究表明，人都有友爱和受尊敬的欲望，并且交友和受尊重的希望都非常强烈。人们渴望自立，成为家庭和社会中真正的一员，平等地同他人进行沟通。如果你能以平等的姿态与人沟通，对方会觉得受到尊重，而对你产生好感；相反地，如果你自觉高人一等、居高临下、盛气凌人地与人沟通，对方会感到自尊受到了伤害而拒绝与你交往。

每个人都有让人尊重之处，善于发现别人的长处，就会尊重别人。"人不如己，尊重别人；己不如人，尊重自己。"无论身处何位，尊重别人与自我尊重一样重要。一个人只有懂得尊重别人，才能赢得别人真正的尊重。

给别人一些说话的机会

每个人都有自己表达的欲望。在沟通过程中，如果一个人一直滔滔不绝地高谈阔论，那么他沟通的质量必然很差，因为这样的谈话已不是对话，而是像演讲或培训讲座一样，会让对方的感觉非常不好。情商高的人在和人沟通时，更注重双向交流，会给别人说话的机会。

相信我们也许有过这样的经历：几个人聚在一起讲故事，甲一个接一个地讲了好几个，乙和丙也想讲述一两个。可是，甲只管滔滔不绝地讲下去，使乙和丙想讲而没有机会讲。我们试想一下，乙和丙的心里一定不好受，因为他们自己没有说话的机会，专门听甲的讲话，自然会没有兴趣听下去，最后只好不欢而散了。谁都不乐意一味地听别人说话，所以，与人交谈时即使是一个很好的题材，对方很感兴趣，说话也要适可而止，不可无休无止，说个没完，否则会令人疲倦。

生活中，给别人一点说话的时间和机会，就会给我们的人生带来意外的收获和惊喜。

有一次，纽约报纸的财经专页上刊登了一则大型广告，招聘具备特殊能力和经历的人，卡贝利斯应征了这则广告，并把简历寄出。几天后，他接到一封面试邀请信，面试前，他花费几个小时的时间在华尔街寻找这家公司创始人的一切消息。

面试开始了，卡贝利斯从容不迫地说："我非常庆幸自己能够和这样的公司合作。据我了解，这家公司成立于28年前。当时只有一间办公室和一名速记员，对吗？”

几乎所有的成功人士都喜欢回忆创业之初的情景。这位老板也不例外，他花了很长时间来谈论自己如何以450美元现金和一个原始的想法创业，并如何战胜了挫折和嘲笑。他每天工作16~18个小时，节假日也不休息，最终战胜了所有的对手，现在华尔街最知名的总裁也要到这里来获取信息和指导，他为此深感自豪，而这段辉煌经历也的确值得回忆，他有资格为此骄傲。最后，他简要地询问了卡贝利斯的经历，然后叫来副总裁说："我认为这就是我们需要的人。"

卡贝利斯先生大费周折地研究未来雇主的成就，表现出对他的强烈兴趣，他还鼓励对方更多地谈论自己——这一切都给老板留下了美好的印象。

由此可见，在任何地方和场合，我们要做到多给别人说话和表现的机会，这会增加对方对你的好感。

多给别人说话的机会，这不仅是对对方的尊重，同时也给自己一个思考的余地。在现实生活中，有经验、有教养的人，都会注意谈话对象的谈话兴趣，有意识地“把住话头”，称道和关心对方，请对方谈谈自己的看法。

一个商店的售货员，拼命地称赞他的商品怎样好，而不给顾客说话的机会，就很难做成这位顾客的生意。因为你巧舌如簧、天花乱坠地说话，顾客顶多只把你看作一个“生意经”，绝不会因此购买。反过来，你只有给顾客说话的余地，使他对商品有询问或批评的机会，双方形成讨论和商谈，才有可能做成生意。

某大学准备建一座现代化的电教大楼，一些厂家得知这一消息后，纷纷上门，希望该校负责设备采购的张教授购买他们的产品，有的一个劲地向张教授介绍他们厂的产品如何如何好；有的销售人员还暗示，如购买自己的产品，可以从中得到一笔可观的回扣，等等。而A厂的王主任，却采取了与众不同的方法，他给张教授写了一封信，内容大致如下：尊敬的张教授，我们知道您是电化教学仪器设备的专家，今天写信打扰，是因有一件事希望您能帮点小忙，我们厂新近生产了一套电教方面的设备，在投入批量生产之前，我们想请您指导一下，看看哪些地方尚需改进。我们知道您的工作很忙，因此很乐意在您指定的任何时间，派车前往迎接。接信后，张教授感到十分荣幸，感到了自己的重要价值。他立即给王主任回信：本周末愿意前往。在王主任陪同下，张教授仔细观察、试着操作了该厂的产品，结果，只在一些小细节上提出一些改进意见。回校三天后，厂里接到张教授的来信："经研究决定，我们购买贵厂的电教产品……"王主任谦虚地请教张教授，让张教授自觉自愿选购，并让他觉得这完全是他自己的主意，从而获得销售的成功。

说话不是说给自己听，而是说给别人听。所以，不能只顾自己说话，而忽视别人的感受。如果不顾别人的反馈，不给别人说话的机会，即使你说再好听的话，也全是无用的废话。所以，当你说一个题材之后，应当停一下，让别人发言，若对方没有说话的意思，而整个局面由于你的发言而人心向你，这个时候仍必须由你来支持局面，那么，就必须要另找题材，如此才能引起大家的兴趣并维持生动活泼的气氛。

"只顾自己说话的人，不能学习到任何本事。"这是亘古不变的道理。一个经常只顾自己说话的人，可以说根本没有学习的本能。所以，我们要多给别人说话的机会，避免在谈话中永远以自我为中心。这样的心态也许自我表现欲强或锋芒外露的人较难做到，但至少是正确的努力方向。

说话也要懂得以退为进

生活是一门学问，其中最难掌握的恐怕就是进退之间的尺度。人生中的抉择往往是进退的抉择。只要我们细心品味，就会发现人生并不是在任何时候都要一往直前，而是应在关键时刻运用以退为进的策略和智慧。与人说话很多时候也是如此。

在与人交谈中，以退为进，其出发点是为了造成对自己有利的进攻条件，采取先主动退让，或是故作糊涂，在给予对方一些小小的让步之后，获得了对方更大的退让或妥协。

一位电机推销员在与某公司的经理洽谈电机贸易的时候，这位公司经理刚拿起产品说明书看了一下，就勃然大怒："你们公司售出的这种电机的质量太差了！上一次差点儿把我的手烫了！"

推销员听到后并没有对他的抱怨加以解释，也没有与他辩论，而是微笑着对这位经理说："经理先生，如果真如您说的那样的话，那么我不但该向您赔礼道歉，而且还应该马上给您退货，并赔偿您的公司因此而受到的经济损失。"

这位经理听了这话，态度马上温和下来，也没有说话。这位推销员开始"反攻"："大家都知道，任何电机在工作时都会有一定程度的发热，但是发热不可能会超过全国电工协会所规定的标准，您说是吗？"

"是的，要是那样的话，根本不会通过质量检查。"

推销员接着问："按照国家标准，电机温度可以比室内温度高5℃，是这样吧，经理？”

经理说：“是的，但是你们的电机温度实在是太高了，我当时摸了一下，真的差点儿把我的手烫了。”

推销员说：“那真是太对不起了，不过我想请问您一下，您公司车间温度比室外温度大概要高多少？”

“大约 7.5℃。”

推销员笑着对经理说：“若是那样的话，我们假设室外气温 35℃，这已经够高了，加上室内与室外的温差 7.5℃，再加上电机与室内的温差 5℃，共计 47.5℃。如果您将手放进 50℃的水里，您的手会不会烫伤呢？”

经理无话可说了。

推销员说：“那么，您对我们的电机还有什么其他意见吗？”

经理无奈地说：“没有了，我们再购几台电机吧。”

故事中的推销员先是让一步，同意对方的看法，然后从具体数字入手进行“反击”，一举成功。先退让承认对方的说法是正确的，而后抓住机遇进攻驳斥对方是错误的，这种说话的方法就叫作“以退为进”。表面为退，实则以退待进，通过退可以积蓄更大的进的力量，目的是更好地进。就像拉弓射箭，先把弓弦向后拉，目的是把箭射得更远。“退”是策略，“进”才是目的。

晏子出使楚国。楚王见他身材矮小，就讥讽他说：“齐国恐怕是没有人了吧？”晏子回答说：“齐国首都临淄有 7000 多户人家，展开衣袖可以遮天蔽日，挥洒汗水就像天下雨一样，肩挨着肩，脚跟着脚，怎么能说齐国没有人呢？”楚王说：“既然这样，为什么派你这样一个人来做使臣呢？”晏子回答说：“齐国派遣使臣，各有各的出使对象，贤明的人就派遣他出使贤明的国家，无能的人就派遣他出使无能的国家，我是最无能的人，所以就只好出使楚国了。”

这个故事中晏子的答话就是采用以退为进之法，貌似贬自己最没出息，所以才被派出使楚国，这是“退”，实则是讥讽楚王的无能，这是“进”。以退为进，绵里藏针，使楚王侮辱晏子不成，反受奚落。

一位主持人向坐在对面的应考者提问：“先生，据说您是足球方面的行家，理所当然知道所有足球方面的事，是吗？”“那当然。”应考者悠然地答道。“那么，请问球门上的球网有多少个孔？”应考者一愣，但随即镇定下来，说：“能提出这样问题的一定是知识十分渊博的大学问家。”“那当然。”主持人面露喜色地答道。“那么，你一定知道保塞尼亚斯是一个什么样的人，他研究的是什么学问？”应考者问道。“保塞尼亚斯是古希腊一位能言善辩的哲学家。”主持人自信地答道。“完全正确。”应考者又问道：“你知道有关保塞尼亚斯的一件逸事吗？有一次，雅典的首席执政官听说保塞尼亚斯很有口才，想当众考他一下，就请他出席贵族会议。首席执政官让每一个贵族议员提一个难题，请他用一句话来回答所有的难题。贵族议员一个接一个向他提了几十个难题，而保塞尼亚斯只用了十分简单的一句话就回答了所有的难题。你知道他说的是一句什么话吗？”“面对这样多的难题，他只能说‘我不知道’。”主持人得意地回答。“完全正确，您真不愧为是保塞尼亚斯的后代。”应考者又问道：“今天我想再提一个问题，你还能再用一句话回答吗？”“请问吧！”主持人颇为自负地答应了。“那么，现在我问你，足球球门上的网有多少个孔？”“啊，嗯……”主持人无言以对。

在这个故事中，应考者面对主持人的刁难发问，先巧妙地回避退让，再绕着弯子说别的问题，避开紧张对立的敏感区。这样虽貌似偏离话题，实则是为后语铺垫，而在关键之处点明问题实质，表明自己的观点。应考者巧妙地运用以退为进、反守为攻的策略，使主持人落入了自己的陷阱，并掌握了对话的主动权，反而问得主持人哑口无言，也使自己的应变能力和杰出的辩才得到了充分的展示。可见，以退为进是言谈中的一种“骄兵”之计。

说话要能给人台阶下

情商高的人在言行中都会做到“打人莫打脸，骂人莫揭短”。在中国，“面子”是一件很重要的事，为了“面子”，小则可以翻脸，大则会闹出人命。因为每个人都有强烈的自尊心和虚荣心，都会注意自己社交形象的塑造。在这种心态支配下，如果让人丢了面子或者是下不了台，他会对你产生比平时更为强烈的反感。同样，如果你说话的时候为他提供了“台阶”，使他保住了面子、维护了自尊，他会对你会产生更强烈的好感，你说话他也会乐于听，这样你办事也会更加方便。

一位顾客来到一家商店，要求退回一件外衣。她已经把衣服带回家并且穿过了，只是她丈夫不喜欢。她辩解说“绝没穿过”，要求退货。

售货员检查了外衣，发现明显有干洗过的痕迹。但是，直截了当地向顾客说明这一点，顾客是绝不会轻易承认的，因为她已经说过“绝没穿过”，而且精心伪装了没有穿过的痕迹。这样，双方可能会发生争执。

于是，机敏的售货员说：“我很想知道是否你们家的某位成员把这件衣服错送到了干洗店去。我记得不久前我也发生过一件同样的事情，我把一件刚买的衣服和其他衣服一起堆放在沙发上，结果我丈夫没注意，把这件新衣服和一大堆脏衣服一股脑儿塞进了洗衣机。我怀疑你是否也遇到这种事情——因为这件衣服的确看得出已经被洗过的明显痕迹。不信的话，你可以跟其他衣服比一比。”顾客看了看证据知道无可辩驳，而售货员又为她的错误准备好了借口，给了她一个台阶——说可能是她的某位家庭成员在没注意的情况下，把衣服送到了干洗店。于是顾客顺水推舟，乖乖地收起衣服走了。售货员的话说到顾客心里去了，使她不好意思再坚持。一场可能的争吵就这样避免了。

人与人交往难免会出现矛盾、误会和摩擦，当对方发生一些让他下不了台的事，如果你愿意在那时给对方一个台阶下的话，那便可大事化小，小事化了了。

有一家公司的老板，是以营销发家的。发家之后，他就开始自己经营。

由于公司刚刚运作，所以他总是不放心，对市场部的具体工作时不时地过问。

如果只是这样，还不会有什么问题，毕竟老板的确应该掌握公司的运作情况。可是，这位老板却很喜欢对市场部的员工发出一些“最新指示”，弄得市场部的运作十分混乱。与此同时，他又过于忽略公司的其他部门，而且在管理公司上十分外行。

他的这些表现，引起了员工们越来越强烈的不满，公司的经营状况也每况愈下。可是，由于公司是他的，几乎所有的员工都碍于面子，不敢向他提出改进的意见。

在这样的情况下，很有责任心的市场部经理决心向老板进言。他对老板的性格了如指掌，知道他是一个宁愿花钱，也不愿丢面子的人。因此，他认为这次进言一定要给老板留好台阶下。

一天，市场部经理走进老板的办公室，对老板说：“老总，您有空吗？想跟您商量点事儿。”

得到肯定回答后，他继续说道：“您也知道，最近公司的经营出现了一些不良状况。我觉得，原因应该出在各部门没有协调好上面。您看，现在市场部的工作，您亲自来抓，十分重视，成效当然就十分显著。可是，这样一来，公司其他部门的工作，就有些受到忽视。我认为，这样恐怕会影响到公司未来的发展。”

这番话可以说是说到了老板心坎上。而且，由于市场部经理说话时很注意给老板留好台阶，让他认识到错误的同时，又没有丢掉面子，因此谈话的效果十分好。

所以，在给别人指出错误的时候要委婉，讲究方式，给别人留台阶下，这样会更容易让别人接纳。

懂得在说话的时候给对方台阶下的人往往会受到赏识。这也就是维护对方面子的回报，他们对你的这一举动会心存感激。

一位丈夫请妻子到餐馆吃生日餐，有道菜是“蚂蚁上树”，可端来的菜盘里只有粉丝不见肉末。妻子故作不知，问服务员：“服务员，这道菜叫什么？”服务员仔细一看，不好意思地回答：“蚂蚁上树。”“怪了，怎么只见‘树’不见‘蚂蚁’？”妻子有些得理不饶人。面对一声高过一声的诘问，服务员十分窘迫。丈夫见状，马上接过话来：“老婆，大概蚂蚁太累了，还没爬上来。服务员，麻烦你给老板说一声，赶紧给我们换一盘爬得快的蚂蚁，要知道时间就是生命呀。”服务员如释重负，赶紧为他们换了一盘名副其实的“蚂蚁上树”。这位丈夫善解人意，他的话既缓解了紧张的气氛，又让双方都找到了体面下台的契机。妻子听了他的话，也没有了之前的怒气；服务员则带着感激的心情，想办法补偿过失。

这种会说话给别人台阶下的人，才是睿智成熟的交际高手。在日常生活中，若能适时地“给人台阶下”，不仅能使自己获得对方的好感，而且也有助于自己树立良好的社交形象，甚至可以交到很好的朋友、巩固更多的合作伙伴。

平和的话语能赢得人气

语言是人们表达意愿、思想感情的媒介和符号，是重要的社会交际工具。语言是一个人道德情操、文化素养的反映。无论是工作还是生活中，说话时语气平和、充满友好的语言交流总会让人感到舒服，而那种恶意相加、夹枪带棒、盛气凌人的语气总会让人讨厌的。所以，人际交往中，高情商的人都会说话平和，因为他们知道这是人与人交往中最应该注意和恪守的一个基本的原则。

在一辆公交车上，有两位乘客在谈话：

第一个乘客说："昨天看一部《孤儿的春天》，演得实在太好了。"

"有什么好？"第二个乘客质问。

"剧情实在不错，对改良社会风气有一番见解。"第一个乘客说。

"有什么见解？"第二个乘客仍然用那种语调说话。

"还用问吗？它不是指出不良少年都是被迫走上歧路的吗？"

说这句话的时候，第一个乘客似乎有点不悦了。

"这算是什么别有见解？"第二个乘客依然用质问语气说。

显而易见，这两位乘客谈得很不投机，气氛很尴尬，毛病出在第二个乘客身上，他谈话的语气和态度很强硬且伤感情。

现在有些夫妻不睦、兄弟失和、同事交恶、人际关系紧张，也都是由于一方态度强硬、不能以平和的语言对话所导致的。

俗话说："良言一句三冬暖，恶语伤人六月寒。"与人交流要讲究艺术，有时候同样的意思通过不同的方式来表达，可能会收到截然不同的效果。所以，我们应该尽量用平和的语言与人交流和沟通。

一般来说，诚恳的、善意的、礼貌和赞许的、谦让的话语应该多说。而恶意的、虚伪的、贬低的、无礼的、强硬的语言，就不应该说。因为诚恳的、善意的话有助于改善人际关系，提高你的人气，让你更加受人欢迎；而恶意的、无礼的话则不仅可能引起冲突，伤及感情，同时也表现出自己的心胸狭窄。

在生活中，我们不难发现那些本来身份并不显赫的人，为什么会在不知不觉中攀上权力的高峰呢？那些本来并不显山露水的人，为什么能够得到人们的真心拥护呢？当人们追问这些问题时，当记者采访这些成功人士时，大家以为这些人身怀什么绝技，会说出什么秘诀来。然而，他们大多淡淡一笑，说道："成功没有什么秘诀，只不过是老老实实地去做事情罢了。"或者用平和的口吻告诉人们："我只不过得到了下属的错爱而已。"其实，从他们的回答中，我们就可以看出成功的秘诀，正是因为他们说话平和谦虚，才赢得了更高的人气。

我们都知道，爱因斯坦是20世纪世界上最伟大的科学家之一，他的相对论以及他在物理学界其他方面的研究成果，是留给人类的一笔取之不尽、用之不竭的财富。然而，就是他这样一个拥有伟大成就的人，说话依然平和谦虚。

有位年轻人去问爱因斯坦，说："您老可谓在物理学界是空前绝后了，何必还要孜孜不倦地学习呢？何不舒舒服服地休息呢？"爱因斯坦并没有立即回答他这个问题，而是找来一支笔、一张纸，在纸上画上一个大圆和一个小圆，对那位年轻人说："在目前情况下，在物理学这个领域里可能是我比你懂得略多一些。正如你所知的是这个小圆，我所知的是这个大圆，然而整个物理学知识是无边无际的。对于小圆，它的周长小，即与未知领域的接触面小，它感受到自己未知的少；而大圆与外界接触的周长大，所以更感到自己未知的东西多，会更加努力地去探索。"

1929年3月14日是爱因斯坦50岁生日。全世界的报纸都发表了关于爱因斯坦的文章。在柏林的爱因斯坦住所中，装满了好几篮子从世界各地寄来的祝寿信件。

然而，此时的爱因斯坦却不在自己的住所里，他在几天前就到郊外的一个花匠的农舍里躲了起来。

爱因斯坦9岁的儿子问他："爸爸，您为什么那样有名呢？"

爱因斯坦听了哈哈大笑，他对儿子说："你看，瞎甲虫在球面上爬行的时候，它并不知道它走的路是弯曲的。我呢，正相反，有幸觉察到了这一点。"

可见，总是说话平和，谦虚有礼，做人不张扬的人，更容易受到人们的欢迎，也更容易获得好人缘。

感人心的话必要动之以情

以德服人、以情动人是做人的最高境界。在人际交往中，双方的意见不一致时，有情商的人如果想要说服对方，就会晓之以理，既要坚持自己的原则，让人理解你的意见和行为，同时还会动之以情，让对方从心理上感觉到你的做法是合乎情理的，让别人从心里信服。

古人云："感人心者，莫先乎情。"对于说服别人，在很大程度上，可以说就是情感的征服。只有善于运用情感技巧，动之以情，才能打动人心，以至说服别人。这就要以情感人。

所谓以理服人，就是讲道理。简单的事情、小道理，一两个典型事例，再加上简明扼要的分析，道理就足以能够讲清楚、讲明白。复杂的事情、大道理，涉及多方面的因素，触动一点就牵动全局，必须全方位、多层次、多角度地进行一系列的说服工作，从多方面展开心理攻势，并以严密的逻辑推理，如水到渠成地得出结论。

俗话说："情不通，则理不达。"只有通情才能达理，因受感化而接受的道理，是最能久久地铭记在心的，动情之后的转变，才有牢固的根基。理离开了情，是苍白无力的理，这种枯燥无味的道理，有谁愿意去听呢？所以，正确认识"以理服人，以情感人"的辩证关系是说服他人的关键。理是情的基础，情是理的延伸，情和理相互交融，说话才能收到良好的效果。

我国著名的钢铁基地攀钢，成立之初急需大批受过高等教育的专门人才。但是，每年国家分配到攀钢的大学生很少。实行"双向选择"后，许多人不愿到边远的攀钢去。攀钢就主动派人到大专院校，通过宣传招揽人才。

某一年，地质工程师杨实接受了这一任务，他到北京某大学，使出当年在海外当《华商报》记者时的本事，用诚挚和炽热的语言，和年轻的大学生们讲自己心中的攀钢：

“我从海外回到祖国，怀着一颗赤诚的报国之心，考入大学地质系。唱着《地质队员之歌》，走遍了祖国的山山水水，为国家寻找无尽的宝藏。1964年，我告别了地质研究所，从成都出发，五天五夜后来到一个叫诸葛营的小山村，就是三国时期诸葛亮‘五月渡泸，深入不毛’时安营扎寨的地方。这里是公路的尽头，前面横亘着重重大山。勘探仪器和行李全用马驮着，几十个人步行了两天才到达攀枝花。这里是高山峡谷，村里只有七户人家。没有住处，晚上就睡在老乡的猪圈里面。没有蔬菜，就吃辣椒盐巴拌干粮。苦吗？苦！累吗？累！想回北京吗？想！但是有什么比用自己劳动换来的果实更令人陶醉的呢？经过艰苦的地质勘探，终于发现了这个神秘的聚宝盆：攀枝花共有100亿吨铁矿石，240亿吨远景储备量，占已探明的全国铁矿石的1/5。这里更有丰富的钒、钛，钒，储量达2亿吨，占全国的87%，钛储量8亿吨，占全国的92%。还有37万两黄金，1137吨银，284万吨铜……一位外国专家感叹地说：‘上帝太不公平了，把这么多宝藏都埋在了中国的攀枝花！’现在，一座现代化的钢城已巍然屹立，那是中国一代知识分子和工人辛劳与智慧的结晶啊！什么是青春、生命、事业和荣耀？那就是当他回首往事的时候，不会因碌碌无为而羞耻，也不因虚度年华而悔恨。面对着祖国飞奔的列车，他会自豪地说：有我们生产的钢铺设在千里铁路线上；面对着漫天灿烂的霞光，他会无愧地说那里有我鲜红的血液……”

雷鸣般的掌声响彻了礼堂，同学们几乎把杨实抬了起来。晚饭后，杨实住的招待所被大学生们挤得水泄不通。当晚，便有70名大学生向学校提出申请，要求分配到攀钢。

杨实的这次宣传演讲可谓“动之以情，晓之以理”，他实实在在地讲攀钢的事业，讲对大学生的优厚待遇，讲攀钢的过去、现在和将来，讲自己的亲身感受，这在大学生心中引起了强烈的反响和共鸣。同学们听了他的讲话，感到攀枝花太有吸引力了。到攀钢去建功立业，天会更宽，地会更阔，青春会更美丽，生活会更有意义！所以说，“以理服人，以情感人”的关键在于帮助对方产生自发的意志，激发其行动的力量，才能达到良好的言语效果。

春秋时期，秦国和晋国联合起来攻打郑国，郑国是一个小国，在两国大军压境的情况下，郑国从上到下一筹莫展。武将不敢出征，文臣没有谋略。最后，郑王不得不让老将烛之武亲自出马到秦国去一趟。烛之武受命于危难之际，到秦国找到秦王，并对秦王说：“秦、晋两国围攻郑国，郑国已经知道要灭亡了。如果灭掉郑国对您有好处，那就烦劳您手下的人了。越过晋国把远方的郑国作为秦国的东部边境，您知道是困难的，您何必要灭掉郑国而增加邻邦晋国的土地呢？邻邦的国力雄厚了，您的国力也就相对削弱了。假如放弃灭郑的打算，而让郑国作为您秦国东道上的主人，秦国使者往来，郑国可以随时供给他们所缺乏的东西，对您秦国来说，也没有什么害处。况且，您曾经对晋惠公有恩惠，他也曾答应把焦、瑕二邑割让给您。然而，他早上渡河归晋，晚上就筑城拒秦，这是您知道的。晋国有什么满足的呢？现在它已把郑国当作东部的疆界，又想扩张西部的疆界。如果不侵损秦国，晋国从哪里取得它所企求的土地呢？秦国受损而晋国受益，您好好掂量掂量吧！”

烛之武动之以情，晓之以理，痛陈唇亡齿寒的道理，最后终于说服了秦王，秦王立即撤军，而且还留下两员大将，协助保卫郑国。晋国一看无可奈何，只好撤军。

由此可见，说服他人认同你的观点的最佳语言技巧就是“以理服人，以情感人”，这是感情、道理和心智力量的使然。情感的力量是情感的认知和共鸣，道理的力量能使人们信服观点的论证，心智的力量则能使人们接受你，进而在有意无意中相信和支持你的观点。

察人言色让对方舒心

在人际交往中，很多人口中所说的并非肺腑之言，他们的真实想法往往隐藏起来，所以情商高的人在听话时就需要注意琢磨对方话中的微妙感情，细细咀嚼品味，以便弄清其真正意图，然后有针对性地说话。

俗话说："出门看天色，进门看脸色。"无论做什么事，对什么人，只有先察言观色一番，摸清对方的心思后，再付诸行动，才能做到得心应手，万无一失。

察言观色，就是不动声色地观察，察外而知内，从"心理语言"和"行为语言"来了解一个人，从而帮助你在时间较短、信息较少的情况下作出合理的决策。

在与人交谈中，聪明的人往往善于从交往的对象的面部表情来了解其内心的情绪变化，以采取相应的交际措施；而愚蠢的人却不善此道，十有八九会把事情弄得很糟，甚至使自己的利益受到损害。

一个寒窗苦读十年的秀才过五关斩六将，终于凭自己的实力得到了自己想要的位置——县令。

当他得到这个位置时，第一个想到的就是要去拜见上司。由于是第一次去拜见上司，想不出该说什么话。沉默了一会儿，他忽然问道："大人尊姓大名？"

这位上司觉得很意外，也很吃惊，但还是勉强回答了。

接着秀才又不说话了，开始低头思考，想了很久，说："百家姓里面好像没有大人的姓啊。”

上司更加觉得不可思议，说：“我是旗人。你不知道吗？”

秀才一听，突然站起来，说：“可否请教大人是哪一旗的？”

上司说：“正红旗。”

秀才说：“正黄旗最好，大人怎么不在正黄旗呢？”

上司勃然大怒，问：你是哪一省的人？”县令说：“广西。”

上司说：“广东最好，你为什么不在广东？”

县令吃了一惊，这才发现上司满脸怒气，赶快起身告辞。

第二天，县令接到上司的新令，他得到的职位要比原来小得多了。究其原因，便是因其不会察言观色，不懂得攻心的道理。

察言观色，用心理学的角度来诠释，即“敏感度”，也就是情商中的“认识他人的情绪”。这是与人沟通的重要条件。只有在最短的时间内察识他人的喜怒哀乐，才有机会与他人沟通。

有一则笑话，说的是一个以拍马著称的人，死后来到阎罗殿见阎王。阎王一见到他便拍案大声呵斥：“好刁猾的东西，听说你是拍马专家，专好拍人马屁。哼，我最恨像你这样的人！”那拍马专家一看阎王满面怒容，心想大事不妙，赶紧趴地叩头说：“冤枉啊，冤枉，阎王爷有所不知，那些世间之人都喜欢别人拍他马屁，我不得不这样。如果世上之人都能像大王您这样明察秋毫，公正廉明，那我哪里还敢有半句恭维？”阎王一听，面露微笑，说：“谅你也不敢拍我马屁。”阎王让人拍了还自鸣得意。

“脸上的表情，天上的云彩。”一个具有察言观色本领的人，能够根据对方的言行举止、喜怒哀乐等来分析自己的言行是否合理。这样的人往往比一般的人具有更强的适应性，至少他不会在别人高兴时，泼一盆冷水，弄得大家不欢而散，更不会在别人愤怒时，出言不逊，惹祸上身。

如果我们每个人在说话时都能察言观色，及时地改变先前的决定，及时地退或进，及时地把自己的言行进行恰当组合或分解，那么，沟通的成功率一定会很高。

学会察言观色，实在是我们不可忽视的为人说话之道。知情绪，便能善相处；善相处，便能心相通；心相通，便能达到一致。

有位心理学家曾讲过："在世界的知识中，最需要学习的就是如何洞察他人。"在交谈中，既要察言，又要观色，把它们结合起来，这对提高人的沟通能力十分重要。如果我们每个人都能察言观色，及时地改变先前的决定，及时地退或进，及时地把自己的言行组合或分解，及时地控制自己的喜怒哀乐，那么，人际交往一定会更加和谐。

总之，一个深谙沟通之道的人，往往善于察言观色、洞悉他人心理、感受他人心情，具有较高的沟通能力，能以积极、主动的方式来应对人际交往，营造和谐的人际关系。

不要在背后说别人

情商高的人在说话的时候，懂得遵守基本的原则，其中重要的一条就是不在背后说别人。因为背后说人不仅是道德品行低下的表现，而且当时附和的人事后也会看不起你。

《伊索寓言》里讲过这样一个故事：

有一头狮子老了，病倒在山洞里。除了狐狸外，森林里所有的动物都来探望过它们的国王。狼因为对狐狸有所不满，就利用探病的机会在狮子面前诋毁狐狸。

狼说："大王，您是百兽之王，大家都很尊敬、爱戴您！可是，您现在生病了，狐狸偏偏不来探望您，它一定是对大王心怀不满，所以才会这样怠慢您啊！……"

正说着，恰好狐狸赶来了，听见了狼说的最后几句话。一看见狐狸走进来，狮子就气愤地对着它大声怒吼起来，并说要给它最严厉的惩罚。

狐狸请求狮子给自己一个解释的机会。它说："到您这里来的动物，表面上看起来很关心您，可是，它们当中有谁像我这样为您不辞劳苦地四处奔走，寻找医生，问治病的方子的？"

狮子一听，便命令狐狸立刻把方子说出来。狐狸说："只要把一只狼活剥了，趁热将它的皮披到您身上，大王的病很快就会好了！"

顷刻，刚才还在狮子面前活灵活现地说狐狸坏话的狼，就变成了一具死尸。狐狸笑着说："你不应该挑起主人的恶意，而应当引导主人发善心。"

由此可见，在背后说人闲话、挑拨离间的后果就是害人害己。

说闲话的人，通俗地来讲，是指一种到处嚼舌，传播一些无聊的、特别是涉及他人的隐私和谎言的人。换句话说，就是背后对他人品头论足的人。虽说古人早有“谣言止于智者”的忠告，但智者毕竟很少，谣言总是会被传来传去的。

常言道：“人人背后有人说，背后人人在说人。”“说人”是人的本性使然，许多人都有背后论人的是非的习惯，其中，所论的大多数是“非”——说的都是别人的坏话。这种攻击通常是在非利益冲突前提下说的，于是论人者觉得自己不背负道德意义上的责任，也就放任自己，对自己的这一“恶行”不加反思及制止。这是因为，他没有意识到自己所做的事情的严重性，也没有想到这将给他带来严重的后果。

有这样一个故事：

狐狸想从山羊开办的公司跳槽到黄鼠狼开办的公司，黄鼠狼问它在原公司干得好好的，为什么要跳槽到自己这里。狐狸说：“山羊貌似善良忠厚，却为人狡诈，对员工尖酸刻薄，我在那个地方受尽了折磨，你黄鼠狼大哥待人厚道，对员工关怀备至，大家有口皆碑，我是慕名而来的啊！”黄鼠狼心想：“山羊这样温顺，你都要在我面前乱说一通，我黄鼠狼本来口碑就不太好，以后你在其他人面前又会怎样说我呢？”黄鼠狼断然拒绝了狐狸。

由此可见，经常在背后说别人的坏话，肯定是不受欢迎的人，因为凡是有一点头脑的人，都会自然而然地这样想：这次你在我面前说别人的坏话，下次你也有可能在别人面前说我的坏话。这样一来，说人坏话者在人们的印象中就不可能好到哪里去了。

有三个人本来都是不错的朋友，但其中两人却突然因为一个女人而闹得很不愉快，两个人虽然平时见面还都装出一副无所谓的样子，但一旦分开就都去找第三个朋友，拼命地说对方的坏话。如果第三个朋友把这些话入耳封存也就算了，偏偏这个朋友是个长舌头的人，他在甲面前把乙说的坏话告诉他，又跑到乙面前如法炮制，实在压抑不住自己说话的欲望了，他又找到一群人，把甲和乙的矛盾添油加醋地议论一番，一时间满城风雨，好不热闹。

一段时间后，甲、乙两人都冷静了下来，慢慢恢复了友谊，他们这才发现在这件事情中，他们的朋友扮演了一个怎样不光彩的角色。于是三人大吵了一架，这个人同时失去了甲、乙两个朋友，还被人说成是挑拨离间的小人，这一切都是因为他的长舌头的坏习惯。

虽然说“谁人背后无人说，谁人背后不说人”，大多数人都多多少少地在背后说过别人，但千万不要让它变成习惯，如果别人有什么缺点，你可以寻找适当的机会直接向他提出，或者容而忍之，视而不见，背后议论别人的方法绝不可取。

喜欢搬弄是非、挑拨怨仇，到处说别人坏话的人，最终都会使自己受害。众所周知职场难混，人们为了生存要混迹于茫茫人海，找个职业，本就不易，还要时时小心谨慎，提防背后的人说长道短。

某校一位副校长平时就喜欢在背后对别人品头论足，当面却又说人好话，且总认为自己什么都厉害，别人都要差他一等，久而久之养成习惯，一次在教导处办公室里和几个主任聊天，恰逢该校一女教师进来办事，该女教师平时打扮较为新潮，本身人也长得姣好，穿着更是前卫。副校长等女教师一出门，马上就说道，你看她穿的那个样儿，这种老师教什么书啊……殊不知这位女教师正好返回来拿她忘带的东西，听个正着。这下麻烦了，那女教师不是吃素的，什么荤话都骂了出来，丝毫不给副校长一点情面，害得那几位在场的主任劝解了半天，女教师才摔门而出。之后副校长虽然多次给女教师赔礼道歉，安排工作时也尽量照顾她，但女教师始终对他横眉冷对，有时言语上不留丁点面子，这就是背后道人短长的代价。

中国有句俗话：“宁在人前骂人，不在人后说人。”这个意思就是说，别人有缺点有不足之处，你可以当面指出，令他改正，但是千万别当面不说，背后乱说，这样的人，不仅会令被说者讨厌，同样也会令听者讨厌。

和众人一起要会聊天

和很多人一起在交谈的时候，有些自以为是的人总将自己放在主要位置，自始至终一人独唱主角，喋喋不休地推销自己，滔滔不绝地诉说自己的故事。有个名人说过，漫无边际地喋喋不休，无疑是在打自己付费的长途电话，这样不但不能表现自己的才华，反而会令人生厌。所以说，过多地“说单口相声”，不能交流思想，不能增进感情。

张伟是一家公司的业务员。有一次，他去一家公关公司谈业务。接待他的是一位女经理。这个女经理长得蛮漂亮，业务做得也不错，经常在国内外跑。可是当她话匣子一打开，就滔滔不绝，如黄河决堤，一发不可收拾。张伟也是业务口才高手，但想插几句话，却始终苦无机会。这位女经理兴致勃勃地叙述她国内外的公关事业是如何蓬勃发展的，张伟则两手在桌上玩弄着纸巾，心中觉得十分无趣。

30分钟过后，张伟终于鼓起勇气对这个女经理说：“对不起，待会儿我还有事，我先走了！”

这位女经理过多的“独角戏”没能达到交流思想和增进感情的效果，相反，她却自尝了唱独角戏的苦果。她完全没有顾及听者的反应。所以说，谈话时不要唱“独角戏”，不要像开记者招待会，搞“一言堂”，不让别人有说话的机会。

在浩渺无边的谈话题材中，有一些小小的“礁石”，要留心避免。记住，人无完人，即使你在某方面有所成就或者高人一筹，也并不能说明你在其他方面都出类拔萃。记住！不要沾沾自喜而大肆渲染。

现实生活中，有不少人都喜欢自我陶醉，自我炫耀。有一点小成绩或小胜利便沾沾自喜，大肆宣扬，其实，这是毫无可取之处的。自我炫耀是交际中的一个致命之处，因为没有人坐下来听你胡吹乱侃你所谓的荣耀。

有这样一个故事：

詹姆士和妻子开始被大家认为是幸福的一对，人们对他们的美满结合及婚后有一段甜蜜生活相当羡慕。然而，后来情况发生了变化，詹姆士越来越觉得不适合妻子了。原来他的妻子是个爱慕虚荣的人，很喜欢自我夸耀。这位女人追求社交界的赞誉和名声，并喜欢在宴会、舞会上大出风头。

而詹姆士呢？对这些浅薄的事情极度厌恶，他又不得不痛苦地陪着妻子出席一个又一个宴会、舞会。无休止的交际几乎耗光他的金钱。当詹姆士提出不愿再参加宴会时，这位妻子立刻号啕大哭，歇斯底里大发作，把装着鸦片的小瓶子凑到嘴边，在地板上打滚，发誓要自杀，还要跳井自尽。

詹姆士再也忍受不了这种夫妻生活了，他看了一眼这个自己曾经深爱过的女人，毅然决定和她离婚。妻子开始以为丈夫是在开玩笑，不是很在意，然而，得知丈夫已下了决心，再也无法更改时，这时才后悔不迭，但一切都为时已晚了。

由此可见，长时间的虚荣，可以导致你永久地失去亲人和朋友。同样，如果一个人在宴会上，或其他场合大肆吹嘘自己，可能马上就会受到耻笑的——自吹自擂、自弹自唱的人终会受到人们的冷遇。所以说，自弹自唱的人往往是最让人厌恶，最不讨人喜欢的，同时他也是一个失败的交际者。

Chapter 4

能说会道，用有魅力的语言折服人

会揣测撩拨人的心弦

会说话的人并不在于把话说得多么天花乱坠；而在于把话说对、说巧。用中国的一句俗语说就是，要“上什么山唱什么歌”。说话是一个传递信息的过程，所以，要提高自己的说话水平，增添自己的说话魅力，并不完全在于你能否用词准确、表达流畅，还在于你所表达的思想、信息是否合情合理，能否为听众所接受并产生共鸣。也就是说，发挥你的情商，启动你的智商，说话时要能拨动对方的心弦。

有的人缺少“嘴”上的功夫，说话乏“术”，因此，言谈表达往往“话不投机”，以致很难把事情办好，有时甚至还会将好事办砸；而有的人则深谙说话之“术”，能得体地运用语言，准确地传递信息、表情达意，有的人甚至能点“语”成金，使所言收到奇佳的表达效果。

在人际交往的过程中，说话的好与坏，关系到交往的功效。而揣摩对方心理，把话说到别人的心里去，是说话得体、动听从而达到成功交往的关键因素。在这方面，《红楼梦》中的王熙凤可称典范。比如在“林黛玉进贾府”中的一段情节，就表现得淋漓尽致。

王熙凤初见黛玉，笑道：“天下真有这样标致的人物，我今儿才算见了！况且这通身的气派，竟不像老祖宗的外孙女儿，竟是个嫡亲的孙女。怨不得老祖宗天天口头心头一时不忘。只可怜我这妹妹这样命苦，怎么姑妈偏就去世了？”

王熙凤是贾府中炙手可热的人物，她的权势多半是来源于贾母的宠信，所以，王熙凤行事说话时时刻刻都依据贾母的爱憎好恶，揣摩其心理。初见贾母的外孙女黛玉，便恭维她是天下最标致的人物，“我今儿才算见了”，似乎是在说她从未见识过，而周旋于贾府上下人等，又是名门之女的王熙凤不是没有见过世面，为什么对黛玉如此夸奖呢？我们知道，是贾母一再执意要把自己唯一的女儿的孩子黛玉接进贾府的，承受失女之痛的贾母自然会把对女儿的感情转移到外孙女的身上，心肝儿肉地疼爱。听到有人这么夸奖外孙女，贾母定是欢喜，尽管这话已恭维到令人肉麻的地步，但又有谁能拒绝呢？接着，王熙凤又说黛玉不是贾母的外孙女而是孙女，这显然违背事实。但有时候，假话比真话更让人爱听。由外孙女到孙女，其潜台词是想告诉贾母：黛玉就像是她自己调教出来的孙女一样。此话如扑面之清风，贾母怎不受用？对于寄人篱下的黛玉来说，置身于人地两疏的贾府听到别人的夸奖，并且说自己是贾府的最高统治者贾母的嫡亲孙女，除了高兴之外，说不定还有感激呢！不仅如此，王熙凤始终没有忘记，或者说更清楚黛玉进贾府的原因：姑妈去世。女儿的去世会给贾母以精神上的打击，而失去母亲的黛玉感情上更是不必说。所以，王熙凤又向二人表达自己的悲伤与哀痛——“怎么姑妈偏就去世了”。真是做尽了人情，好一个八面玲珑的人物！可谓：言为“心”生甚机敏，巧于周旋太聪明。

一个会说话的人，总可以流利地表达出自己的意图，也能够把道理说得很清楚、动听，使别人很乐意地来接受。有时候还可以立刻从问答中测定对方言语的意图，并从对方的谈话中得到启示，增加自己对于对方的了解，跟对方建立良好的友谊。不会说话的人，不能完全地表达出自己的意图，往往会使对方费神去听，而又不能使他信服地接受。

巧说只为达到自己的目的

生活中，我们常会对一些问题产生不同的意见，当我们想发表异议时，怎样才能既表现诚恳，又能使人高兴地接受你的意见呢？为了消除对方的抗拒心理，顺利地达成自己的目的，在你力图向别人推销你自己和你的主意的时候，那真的是考验你说话水平和情商的时刻。

美国第二十五任总统威尔逊曾说过："如果你想握紧了拳头来见我，我可以明白无误地告诉你，我的拳头比你握得更紧。但如果你想对我说：'我想和你坐下来谈一谈，如果我们的意见相左，我们可以共同找出问题的症结所在。'这样一来，我们都会感到我们之间的观点是非常接近的，即使是针对那些不同的见解，只要我们带着诚意耐心地讨论，相信我们不难找出最佳的解决途径。"

如果你想兜售你的主意，不要没有先陈述它的利益就提议行动起来。假设你这么和你的老板说："我想要接手彼特的业务。"那是你想要兜售的主意，但是你还没有给老板看到这个主意好在哪儿。你补充道："我能够充分利用我和彼特的良好关系，使得这项业务回到正轨上去。彼特先生会和我一起工作，去找到一个大家都能接受的解决方法。"在你尝试推销你的任何主意之前，考虑你能带到桌面上的全部利益，以你的主意的重要结果来向别人建议，这样往往能够增加成功的机会。

当你试图推销主意、点子之类的东西的时候，对方肯定会生出天生的抗拒力，你需要降低这种抗拒力。当他们提出异议的时候，你肯定会有所反应，但是只有在你理解了异议背后的原因之后，你才能作出反应。你应试图回答这样的问题："他们提出异议背后的原因是什么？"当某些人不同意你的意见的时候，异议的原因是他们的想法和你的想法可能对不上。在你找到解决方案以前，其实你已经达到了对这个问题的诊断。最好的方法，就是你能揭开那些反对意见背后的原因，看看这些原因从何而来。

当人们不同意你的观点的时候，找一下他们表示异议的原因。我们有一个自然的倾向，就是在对话中为了尽量消除反对意见，会马上对它发表一个看法。问题是，反对者们在他们表述过反对以后，可能就不会继续聆听了，他们一直考虑的是，能再说一些什么，以坚定他们的意见。为了使他们能把他们的想法和你的想法挂起钩来，问他们一个关于异议的问题，也能使你确切地了解为什么他们表示反对。你不得不对他们的反对刨根问底。假设你正在向一些人推销一种新的节省时间的工作方法，他们却回答："那样做太复杂了。"如果不知道他们说的"复杂"是什么意思，你如何反驳他们呢？刨根问底的另外一个益处，是你表现出对异议很大的兴趣。

在表示不同意见时，咄咄逼人的话，往往会变成争吵。这个时候你应该先退让一步，表示自己在某些方面同意对方的意见，也很仔细地考虑过他的意见；然后再说明自己的建议，这样将使对方更容易接受你的观点。你不妨这样说："我考虑过你的提议，这个建议很好，不过，有些问题可能还需要再商量。"或是："我十分同意你的意见，只是我有一些建议，希望你能听听。"你这一着是退一步，其实让别人更容易接受，相当于进了一步。

在提出反对意见前，你不妨告诉对方，有一些人也和他有同样的观点。把批评性的话先以表扬的形式讲出来，这样可以帮助你在和谐的气氛中否定对方的意见。你可以这样说："你提的意见很好，不少人和你有同样的看法，不过……"或者说："我明白你的假设很正确，在理论上是完全可行的，但是在实行方面……"在和谐的气氛中否定对方的意见，这样别人也更容易接受。

在发表不同意见的过程中，许多人说话时往往粗心大意，所说的话可能不够完善，这时你不妨用询问的口气、适宜的语调重述对方的意见，表示希望得到再次的证实，使对方能重新思考，加以修正。比如，有一人在座谈会上批评学校管教学生不严时说：“学校对于学生太过纵容，使学生越来越放肆。学校应该要学生做他们不喜欢的事，至于任何要求都可以。”另一个对此有异议的人便问：“您认为学校如何对待学生最合适？要训练学生做其不喜欢的事就好了吗？”这番话立刻使先前提议的人又会再重新修正他有失偏颇的言辞，高明地给了别人台阶下，让别人有了面子，自己也会有面子，而且还表达了意见。

让别人乖乖信服你

很多人说出的话很容易让人听了之后信服，一方面是他们的口才好；另一方面是情商高，懂得怎么用结论服人。当你作出一个结论的时候，要陈述为什么你认为这样的结论是正确的。如果你给出了结论的基础，并且大大地提高自己的可信度。你要认识到，如果有一些人不知道你是如何得出你的结论的，他们会变得非常多疑，最后甚至会认为你自己都不知道自己在说些什么。为了打消这种疑问，你可以说："根据我展示给各位的数字，我相信执行我的想法是非常合适的。你们怎么想呢？"通过加上"你们怎么想"这样的问题，你给了别人一个机会，让他们选择同意还是反对你的结论。如果他们不同意，你最起码知道了他们是抱着异议的，这样就可以恰当地采取对策。

最好的策略就是对异议让步。一个有所松懈、让步的异议，常常是建立在不坚定的基础上的，甚至就是建立在假象上的，但你对此很难判断。假设那个和你谈话的人告诉你，他不喜欢你的主意，因为他认识的人告诉他你的主意不起任何效果。你不得不反问他："你认识的人尝试过执行我的主意吗？他们拥有什么和我的观点有关的专业知识？他们给过你为什么我的主意不起效果的具体说明吗？"一旦你发现异议之中的犹豫不决之处，就可以刨根问底地追问下去，直到说明为什么这个异议是不正确的。

让对方变被动接受为主动反思。密苏里州一家大的电子产品制造公司的副经理凯利·瑞安来曾这样介绍自己在成功说服别人方面的体会：

“我发现，让一个人改变他的工作方法或者工作程序的最好方法，是让这个人认为这一切都是他自己想出来的。我让他对这种改变负有全部责任，我表彰他的主观能动性和预见性，他也相信那全都是他第一个想到的。这样对我们双方都有好处，他会感到自己的工作更重要、更安全，而生产效率也得到提高，这是我所期望的。但是，我也遇到过不大容易接受这种方法的人。就拿我们的生产监督员为例吧。上星期五我对他说：‘杰克，我认为如果我们把三号切割机搬到那边去，然后再加两个电动卷绕站的话，我们的生产速度还能提高。我想听听你是怎么考虑的。’一天后，他来到我的办公室说：‘凯利，这个周末，我有了一个最好的主意，如果我们把三号切割机搬到这里，然后再加两个电动卷绕站，我们在组装线上就能少走不少冤枉路，这样我们的生产效率能提高5%到10%。我们不妨试试看。’那正是我想让他发生的变化，这种方法要比告诉一个雇员去做什么要好得多。人们都不喜欢被人家告诉怎样去做他们的工作。他们喜欢按照自己的方法做事。这种建议的方法每次都非常见效，每次我都如愿以偿。雇员由于提出了新的方法受到嘉奖，这样，我们双方都感到很愉快。”

卡耐基指出，对于这种方法只有一个特殊的要求：时间和耐性。在时间中慢慢寻找转机，寻找突破口，切勿急躁。让那个人花费一定的时间去理解和消化你的思想，让它一点一点地变成他自己的思想。切记：你的工作是播种，让他去收割，给它生根发芽的机会。当你这样做了以后，你会得到巨大的好处。

让别人主动接受你的观点，其实是有很多小技巧的，只要灵活运用，一定会有收获。

比如在说事情的时候多以事喻理。道理的“理”性愈强，愈要注意让事实讲话、佐证，否则就会因教育对象缺乏感性体验，影响对“理”的理解、消化和吸收。用事实充实大道理，还可以避免说大话、空话，联系实际把道理讲实。现在一些大道理所以让人听不进，就在于讲得虚。

很多事情讲不通的时候要懂得迂回引导。正面一时讲不通，不妨搞些“旁敲侧击”。讲好大道理很重要的一点是要学会剥茧抽丝，逐步引导，层层深入，最后“图穷匕见”，将大家的思想统一和升华到一个新的高度。有时也可借题发挥，讲出“醉翁之意不在酒”的道理。这样可以避免把讲道理变成简单的演绎论证，使教育对象易于接受。

以适应对方的“口味”为出发点，充分发挥自己的语言魅力，把道理讲得有声有色、生动活泼。美妙的语言是大道理磁石般的外壳，它能吸引听众去深入理解“内核”。要做到这一点，首先，要树立自信心，相信正确道理的威力；其次，要注意语言的训练，努力提高表达的技巧。

话讲得多有时候还会让人厌烦，听不进去。有些人生怕人家听不懂，翻来覆去地讲一个道理，结果适得其反。正确的方法是，应该视情况因人出发，针对实际把握要讲的内容，该讲的一定要“点到”，同时又要注意留下充分思考的时间，让对方去领悟、消化。

有时对方之所以不信服你说的，很重要的一条就在于你这个讲道理的人自己做得不好。“做”得好才能赢得“讲”的资格。把单纯地讲道理变成见诸行动的边讲边做，让人在“看服”中更好地信服，自觉地接受大道理。只有这样，才能收到“此时无声胜有声”的最佳效果。

一定要相信我能行

一个人如果想让自己说出的话赢得别人信任，在心态上就要自己相信自己。相信自己，是对自己的充分肯定，是对自己能力的赞同。一个连自己都不相信的人，那么他说的话又能有谁会相信呢？

尼克松是美国前总统，但就是这样一个大人物，却因为一个缺乏自信的错误而毁掉了自己的政治前程。

1972年，尼克松竞选连任。由于他在第一任期内政绩斐然，所以大多数政治评论家都预测尼克松将以绝对优势获得胜利。

然而，尼克松本人却很不自信，他走不出前几次失败的心理阴影，极度担心再次出现失败。在这种潜意识的驱使下，他鬼使神差地干出了令自己后悔终生的蠢事。他指派手下的人潜入竞选对手总部的水门饭店，在对手的办公室里安装了窃听器。事发之后，他又阻止调查，推卸责任，在选举胜利后不久便被迫辞职。本来稳操胜券的尼克松，因缺乏自信而导致惨败。

无独有偶。英国保守党领袖伊恩·邓肯·史密斯在竞选时，也是因为缺乏自信而落选。2002年9月，在接受BBC电视台记者采访时，伊恩·邓肯·史密斯面色茫然、腼腆、毫无生机，他用有气无力的、平乏的语调攻击托尼·布莱尔首相及其政党的政策。记者问道：“您认为自己能出任下一届首相吗？”他犹豫了一下，目光下垂，语气不坚定地说：“是的，我可以，但我需要努力争取。”几分钟之后，电视台出现不满意的观众的电子邮件及电话录音："他自己都不相信自己能成为首相，让我们如何相信他可以做我们的首相？""他看起来根本就不像个英国首相！""难道保守党再找不到别人做领导者吗？"

由此可见，让别人信任我们和自己相信自己同样重要。但要想让别人信任我们，我们首先要相信自己，时刻保持一种自信，相信自己一定能够成功。只有如此，我们才能赢得别人的信任。

拿破仑在莱比锡战役失败后，被放逐到厄尔巴岛，后来他逃出厄尔巴岛。当法国派遣军队前去逮捕他时，他并没有逃走，并且大胆地和军队面对面地谈判起来。这是一个人和一支部队的对决。可是，拿破仑相信，自己是唯一可以支配局面的主角。他采取一贯的态度，确信军队一定会听从他的话。结果他的信念竟奇迹般地产生了效果，士兵们为其充满自信的态度所折服，他们决定跟随他进军巴黎。

相信自己是对自己能力的一种肯定，能为我们带来成功，带来胜利，同时也向外界显示了自己的信心。如果你对自己没有信心，那么你将永远无法到达成功的彼岸。

在美国爆发经济危机那年，许多公司都在裁员，而此时，有个青年刚从大学毕业，想到当地一家大百货公司找一份工作。他相信自己有能力得到一份工作。他手上没有什么介绍信，进了公司就径自来到经理办公室的门口，他并不是来找工作的。他请人送进去一张条子，字条上写着："我有一个主意，可帮你从大萧条中解脱出来。可否与你一谈？""请他进来！"公司经理命令道。

小伙子进去后马上转入正题："我想帮你开办大学专柜，向大学生销售服装。本校15000名学生，人数年年都有所增长。批发衣服我虽然一窍不通，但我懂得这些学生喜欢什么。让我帮你开办会受大学生欢迎的专柜，我可以向他们宣传，吸引他们来这里买衣服。"

没过多久，这家百货公司果真办起了大学专柜，新颖的款式吸引了一批又一批大学生涌入百货公司，公司很快就生意兴隆，发了大财！不用说，这个小伙子则成了公司的雇员。

我们不排除这个小伙子的成功与他非凡的个人能力有关，重要的是，他十分相信自己，自信的语言赢得了经理的信任，并给他提供了一个机会。所以说，如果不是他相信自己，纵使他有多强的能力，也得不到经理的信任。

坚定地相信自己，这就是所有取得了伟大成就的人士的基本品质。相信自己，就是相信自己的优势，相信自己的能力，相信自己有权占据一个堡垒。赢得别人信任的最好方式就是——首先要相信自己。

双向互动才是好的沟通

沟通是人与人之间、人与群体之间思想与感情的传递和反馈的过程，以求思想达成一致和感情的通畅。央视著名节目主持人白岩松曾说："每个生命都需要表白。"那么，与表白如影随形的便是人与人之间的沟通。只有沟通，才能让别人了解自己，同时自己也才能了解别人；只有沟通，才能不断增进彼此的理解，从而减少或避免一些不必要的误会和摩擦。

沟通的重要性不言而喻，然而正是这种大家都知道的事情，却又常常被人们忽略。有时候，面对面的两个人，说着同一件事情，却永远找不到共同点，以致无法沟通。为什么呢？原因就是忽略了沟通的双向性，只顾自说自话。

有效的沟通是一种把自己的意思真正传给别人且为别人接受的行为。为了实现有效的沟通，就往往需要更多的双向的交流，更多的反馈。人际沟通是一个听方与说方双向互动的过程，不是听和说的简单相加。只有双方处于互动的状态，才是真正意义上的沟通。

1990 年 1 月 15 日，由于阿维安卡 52 航班飞行员与纽约肯尼迪机场航空交通管理员之间没有进行有效的双向沟通，导致了一场空难事故，机上 73 名人员全部遇难。

当日晚 7:40，阿维安卡 52 航班飞机正飞行在美国南新泽西海岸上空 3.7 万英尺的高空。机上的油量可以维持近两个小时的飞行，在正常情况下飞机降落至纽约肯尼迪机场仅需不到半小时的时间，可以说油量充足且十分安全。然而，此后发生了一系列的耽搁。

晚上8点整，肯尼迪机场航空交通管理员通知52航班的飞行员，由于严重的交通问题他们必须在机场上空盘旋待命。

晚上8:45，肯尼迪机场的管理员收到52航班的副驾驶员的报告，飞机的“燃料将要用完了”。但是此后，阿维安卡机组成员没有向肯尼迪机场传送任何情况十分危急的信息，但飞机座舱中的机组成员却互相紧张地通知他们的燃料供给出现了危机。在9:24之前，飞机仍没有被批准降落。

晚上9:24，52航班第一次试降失败。由于飞机高度太低以及能见度太差，因而无法保证安全着陆。当肯尼迪机场指示52航班进行第二次试降时，机组成员再次提到飞机的燃料将要用尽，但飞行员却告诉管理员新分配的飞机跑道“可行”。

晚上9:31，飞机的两个引擎失灵。1分钟后，另外两个也停止了工作。最终，耗尽了燃料的飞机于9:34坠落于长岛，机上73名人员全部遇难。

当调查人员考察了飞机驾驶舱中的磁带，并与当班的机场管理员讨论之后，他们发现导致这场悲剧的原因是沟通的障碍。为什么一个简单的信息既未被清楚地传递，又未被充分地接收呢?

这其中有两点原因：首先，52航班的飞行员一直说他们“油量不足”，机场交通管理员告诉调查员这是飞行员经常使用的一句话，当被延误时，管理员认为每架飞机都存在燃料问题。但是，如果飞行员发出“燃料危急”的信号，那么管理员有义务优先为其导航，并尽可能地允许其着陆。一位机场管理员指出：“如果飞行员表明情况十分危急，那么所有的规则程序都可以不顾，我们会尽可能以最快的速度引导其降落的。”遗憾的是，52航班的飞行员从未说过“燃料危急”，所以肯尼迪机场的管理员一直未理解到飞行员所面对的真正困境。

其次，52航班飞行员在向管理员传递有关燃料危急的严重信息时，语调平缓。许多管理员接受过专门的训练，可以在这种情境下捕捉到飞行员声音中极细微的语调变化。尽管52航班的机组成员表现了对燃料问题的极大担忧，但他们对肯尼迪机场传达信息的语调却是冷静而“职业化”的。

由此可见，沟通的双向性是十分重要的，没有双向的沟通，问题是不能够解决的，问题的解决是需要双向的交流和沟通的，而且可能不止一次。如果任何一方积极主动，而另一方消极应对，那么沟通是不会成功的。

国王心爱的小公主病了，她娇憨地告诉国王，如果她能拥有月亮，病就会好。国王立刻召集全国的聪明智士，要他们想办法拿月亮。

总理大臣说："它远在35万里外，比公主的房间还大，而且是由熔化的铜所做成的。"

魔法师说："它有15万里远，用绿奶酪做的，而且整整是皇宫的两倍大。"

数学家说："月亮远在3万里外，又圆又平像个钱币，有半个王国大，还被挂在天上，不可能有人能拿下它。"

国王又烦又气，只好叫宫廷小丑来弹琴给他解闷。小丑问明一切后，得到了一个结论：如果这些有学问的人说得都对，那么月亮的大小一定和每个人想的一样大、一样远。所以当务之急便是要弄清楚小公主心目中的月亮到底有多大、多远。

于是，小丑到公主房间里探望公主，并顺便问公主："月亮有多大？""大概比我拇指的指甲小一点吧！因为我只要把拇指的指甲对着月亮就可以把它遮住了。"公主说。

"那么有多远呢？""不会比窗外的那棵大树高！因为有时候它会卡在树梢间。"

"用什么做的呢？""当然是金子！"公主斩钉截铁地回答。

比拇指指甲还要小、比树还要矮、用金子做的月亮当然容易拿啦！小丑立刻找金匠打了个小月亮、穿上金链子，给公主当项链，公主非常高兴，第二天病就好了。

可见，人与人之间的沟通是一个双向互动的过程，也是一个情感交流的过程。沟通是双方面的事情，不是一方滔滔不绝地说，另一方却傻傻地听。只有通过双方的交流了解，才能更好地解决问题，甚至消除彼此的误解。

心态决定说话的效果

人们常说：“心态决定一切。”这句话意在提醒人们：无论做什么都需要拥有良好的心态，否则，话难讲，事难成。与人交流时，如果忽视了这种心态因素，信口开河，往往会导致人际关系恶化，最终使自己处于被动，遭人厌弃。所以，一个人要想提高自己的沟通能力，就必须树立正确的心态。

三个人合伙做生意，最后赔了。甲说：“都怨你们，没有真本事，和你们合伙真是倒霉！”乙说：“都是我不好，我没干好工作，请你们原谅，我一定会改正，大家还是接着干吧。”丙说：“我觉得这次赔本有几个原因，一是我们三人想法不一，劲儿没往一处使。二是工作上也存在一些客观阻力。”

显然，在上面这段对话中的甲、乙两个人的心态是不对的，甲太过霸道，把责任全推到乙和丙的身上；而乙则过于软弱，把责任揽到自己的身上；只有丙能够保持正确的心态，理智客观地说出问题的根本所在，进而方便处理问题。

从以上分析，我们不难看出，正确的心态是良好沟通的开始，也是处理问题、解决问题的首要条件。所谓“心态决定命运”。你只有拥有良好的心态，健康的心理，才会使自己更好地融入社会，建立和谐的人际关系。因此在人际沟通中，最具人格魅力的不是外貌最漂亮的人，而是具有好心态、好个性、且极富感染力的人。在他们身上往往蕴藏着巨大的积极的能量，如同强大的磁场，人们情不自禁地被吸引，与之交往令人精神振奋、心情愉悦。而且，因为心态积极、身心愉悦，往往能突破一个个人生障碍，充分展露其聪明才智，在事业上更有可能取得成功。

有这样一个笑话：在拥挤的公交车厢里，突然一个急刹车，一位男士一不小心狠狠地撞在了旁边一位女士的身上，这位女士气鼓鼓地瞥了他一眼，恨恨地说："德性！"这位男士并没有因为莫名其妙地被骂而火冒三丈，而是心平气和地对那位女士说道："小姐，不是德性，是惯性。"

就这样，一句话便化干戈为玉帛。显而易见，故事中的这位女士说话的语气强硬且无礼，这是由她不良的心态决定的；而男士能够心平气和且幽默地处理彼此的矛盾和尴尬，是因为他持有良好的心态。说话时不同的力度和角度会产生不同的结果，心态不同，说话效果也会完全不同的。

在人际交往中，一个人的心态变化会直接从他的面部表情、语言、肢体行为等方面反映出来，如果心态上有变化，情绪上、沟通方式上就会有不同的表现。所以，如果想得到好的沟通效果，你就要具备良好的心态，沟通时尽量做到语气委婉、表情亲切、情绪平稳，对方才会有好的反馈，才会收到好的效果。反之，则会产生不同的反应，甚至恶语相向，反目成仇。

晚饭后，丈夫收拾好碗筷，端到厨房去刷碗。

妻子：你看看你，怎么连个碗都洗不干净，洗洁精还都挂在碗边呢。

丈夫：你就知道说别人，你洗得好，你怎么不洗呢？

妻子：你这人说话怎么像吃了枪药似的，难道我说得不对吗？你不能做得再好一点吗？

丈夫：就这样了，你看怎么着吧。

妻子：这么大的人了，怎么说话跟个小孩子似的，你自理能力就是差。你看看你，平时自己的东西总是乱扔，衣服放在哪儿都不知道，拖一次地把拖把毛弄得满地都是，做个饭厨房里也搞得乱七八糟……

丈夫：行了，行了，你还有完没完，我不干了，你自己干吧！

说着，丈夫气呼呼地扔下了手里的碗筷，一个人跑到卧室，蒙头大睡起来。望着厨房里满目狼藉，妻子的火也一蹿三尺高，她三步并作两步冲进卧室，拽开了丈夫蒙着头的被子，一场家庭大战就这样展开了……

妻子做饭，丈夫刷碗，原本是一件多么温馨和浪漫的事。但是由于双方的谈话心态有一定问题，结果造成了家庭大战。同样的事情，发生在了另外一对夫妻身上，结果却大相径庭。

妻子：哎呀，真是难得呀，今天竟然劳您大驾，刷起碗来啦！

丈夫：呵呵，为老婆效劳，应该的，应该的。

妻子：我老公就是好。不过你看看你，就是个当少爷的命，洗个碗都洗不干净，这洗洁精还在碗边上挂着呢。

丈夫：呵呵，你看我这人就是笨手笨脚的，我再重新冲一下。

妻子：笨归笨，我老公就是这点好，知错能改。

就这样，夫妻俩你一言，我一语，在一种甜蜜而欢快的氛围中干完了家务活儿。

通过比较，我们不难发现，前面那对夫妻的谈话心态是存在严重问题的。首先，两个人的心态没能突破自我，或者说利益出发点始终在围绕自身，没有顾及对方的感受。这在人际交往中，是很愚蠢的。相对而言，后面那对夫妻的相互谈话就好多了，两个人能站在对方的角度来思考，从对方的心态出发，同样的话，但让对方听来顺耳、舒畅，既达到了自己的目的又巧妙地维护了对方的自尊，让人乐于接受。

在人际交往中，一个心态积极乐观的人，说话更加亲和友善，具有正能量，从而让人听着更舒服。这样的人也会拥有许多的朋友，成为一个很受人欢迎的人。

会说话的人不抢别人话

在日常生活中，我们经常会遇到一些这样的人，老是打断别人的话或是抢别人的话，结果弄得大家不愉快。这些人往往都是自认为智商高，觉得自己比别人强，所以别人一张口，他们就迫不及待抢走别人的话题，其实这些即使智商真的很高，他们这种行为也是情商低的表现。情商高会说话的人，绝对不会去抢走别人的话题，而且是会做一个倾听者。

如果你与朋友在谈论一个话题，正就此发表自己的见解，可对方听到一半，还未等你说完，突然冒出一些观点，发表自己的看法，此时，便打断了你的说话，从中间插进去发表他的见解。或者，当你在讲一个事情，刚起个开头，恰巧这个事情是对方曾经听过的，他便不假思索地说，这个我听过，马上阻断你，让你不知道是不是需要继续讲下去。很显然，这种打断别人说话的行为是一种最无礼的行为。

培根曾说："打断别人、乱插嘴的人，甚至比发言者更令人讨厌。"那些不懂礼貌的人总是在别人津津有味地谈着某件事情的时候，在说到高兴处时，冷不防地半路杀进来，让别人猝不及防，不得不偃旗息鼓而退。这种人不会预先告诉你，说他要插话了。他插话时有时会不管你说的是什么，而将话题转移到自己感兴趣的方面去，有时是把你的结论代为说出，以此得意扬扬地炫耀自己的光彩。无论是哪种情况，都会让说话的人顿生厌恶之感，因为随便打断别人说话的人根本就不知道尊重别人。

随便打断别人说话或中途插话，是有失礼貌的行为，但有些人却存在着这样的陋习，结果往往在不经意之间就破坏了自己的人际关系。

王丽是一个活泼大方、性格开朗的女孩，闲暇之余她总喜欢找人聊天，可是王丽身边的朋友却很少，刚到了一个新的工作单位，谦虚热情的王丽很快得到了大家的喜欢，可是渐渐大家都发现了王丽的问题，开始对她疏远。原来，在工作之余，王丽总是喜欢找同事来聊天，本来聊聊天谈谈心是一件好事情，可是王丽的一个坏毛病，却害了自己。她一直想改，可是和别人聊起天来，就会把这事情抛在脑后。在和同事李芳聊起明星八卦的时候，本来只是闲聊，李芳无意中提起，某人和某人最近传绯闻了，李芳才说了两句，王丽立刻就打断了李芳的话，哪里，我看的杂志不是这样讲的，明明就是，某某某和某某某在一起的……李芳见状转了话题，说到自己对人生的看法，可是没说两句又被王丽给打断了。直到最后一直都是王丽在滔滔不绝地讲话，完全不把李芳放在眼里。可是王丽却没有感觉到李芳的不快。她的这种说话方式已经成为了一种习惯，一种无意识。

一次，王丽又找到李芳聊天，李芳却推辞了。然后王丽又找到其他的同事聊天，可是和她聊过一两次以后大家都不愿意再和王丽聊天了。王丽很郁闷，想要改这个毛病，可是总是改不了。这天，公司所有成员开会，领导说到一个问题的时候，出现了一点小的错误，大家都听出了错误，可是领导自己还没有意识到说错的时候，王丽立刻就打断了领导的发言，纠正了领导的错误，领导欣然接受了，还说王丽做得好，领导有错就应该指出来。王丽听到领导的表扬，还很得意，不久后，王丽就被通知调到别的部门。王丽这时候才意识到自己打断领导的讲话是不对的，而这个苦果也只有自己吃了。

所以说，无论你多么渴望一个新的话题，多么想发表自己的见解，都不要去打断说话者的话题，你要默默地将想说的话记在心中，直到讲话者说话结束为止，再发表自己的见解。讲话者最讨厌的就是别人打断他的讲话。因为这样，在打断他的思路的同时，又让他体会到你不尊重他。

有一个老板正与几个客户谈生意，谈得差不多的时候，老板的一位朋友来了。这位朋友插话说：“哇，我刚才在大街上看了一个大热闹……”接着就说开了。老板示意他不要说，而他却说得津津有味。客户见谈生意的话题被打乱了，就对老板说："你先跟你的朋友谈吧，我们改天再来。"客户说完就走了。

老板的这位朋友乱插话，搅了老板的一笔大生意，让老板很是恼火。每个人都会情不自禁地想表达自己的愿望，但如果不去了解别人的感受，不分场合与时机地就去打断别人说话或抢接别人的话，这样会扰乱他们的思路，引起对方不快，有时甚至会产生不必要的误会。

在人际交往中，如果你想让别人喜欢你，接纳你，就必须根除随便打断别人说话的陋习，当要打断别人时，提醒自己"多给别人一些表达的机会，并从中找到自我发展的资源，获得人际双赢"。如果在生活中遇到这类人，可以起初多给他们一些自我表达的机会，倾听他们把自己的观点谈具体。然后用语言暗示他："现在我可以说了吗？"你也可以善意提醒他："希望我说的时候，你先不要插话，好吗？"这种方式会提醒他调整自己的人际沟通方式，达到与他人更顺畅地交流。

善于委婉恰当地表达

在日常生活中，有些人说话直来直去，心里想什么就说什么，完全不顾对方的感受，不分时间地点，只管自己的痛快。有时，得罪了别人，自己还不知道。这种人虽然直率得可爱，但因为情商低而显得可怜。

语言表达恰当与否的真谛是，你能否在恰当的时候及适当的场合用得体的方式表达你的观点。当你要表述自己的观点、维护自己的立场或听到一种令人生气的回答时，使用一种委婉含蓄的词语将能使表达效果更好。

有一位长得略胖的妇人一进服装店，售货小姐就对她说："大娘，您太胖了，我们没有您能穿的衣服。"

这位太太正想反驳，小姐又加了一句："其实老了还是胖一点儿好。"

这位妇人气得不知如何发作才好。此时老板娘从后面走出来，这位太太马上告状："我今天是招惹谁了，怎么才进店，就被你们店员说我又胖又老。"

老板娘很不好意思地赶紧赔不是，她说："我们这店员是从乡下来的，特别不会说话，但说的都是真话。"再次伤害了妇人。

说话直来直去的人没有坏意，真是繁华落尽见真淳。然而这种直来直去的真话确实有点"毒"，太容易伤人。

英国思想家培根说过："交流时的含蓄与得体，比口若悬河更可贵。"在人际交往中，说话委婉含蓄是一种处理问题的态度和方法。恰当地运用委婉含蓄的语言，在表明人们的立场、感情和态度的时候，既使对方乐于接受，达到说话的目的，又可增强语言的形象性和生动性。

在纽约国际笔会第48届年会上，有人问中国代表陆文夫："陆先生，您对性文学怎么看？"陆文夫说："西方朋友接受一盒礼品时，往往当着别人的面就打开来看。而中国人恰恰相反，一般都要等客人离开以后才打开盒子。"

陆文夫用一个生动的借喻，对一个敏感棘手的难题委婉地表明了自己的观点。实际上是对问者的一种委婉的拒绝，问话者不至于尴尬难堪，交谈仍然得以继续。

在交际中，如果不是为了某种特殊需要，一般尽量避免触及对方所避讳的敏感区，避免使对方当众出丑。必要时可委婉地暗示自己已经知道他的错误或隐私，便可造成一种对他的压力。但不可过分，只须"点到即止"。

在美国经济大萧条时期，有个17岁的姑娘好不容易才找到一份在高级珠宝店当售货员的工作。在圣诞节前一天，店里来了一个30岁左右的贫民顾客，他衣着破旧，满脸哀愁，用一种奇怪的目光，盯着那些高级首饰。

姑娘要去接电话，一不小心把一个碟子碰翻，6枚精美绝伦的钻石戒指落在地上。她慌忙捡起其中的5枚，但第6枚怎么也找不着。这时，她看到那个30岁左右的男子正向门口走去，顿时意识到戒指被他拿去了。当男子将要触及门柄时，她柔声叫道：

"对不起，先生！"

那男子转过身来，两人相视无言，足有几十秒。

"什么事？"男子问，脸上的肌肉在抽搐，再次问："什么事？"

"先生，这是我头一份工作，现在找个工作很难，想必您也深有体会，是不是？"姑娘神色黯然地说。

男子久久地审视着她，终于一丝微笑浮现在他脸上。他说："是的，确实如此。但是我能肯定，你在这里会干得不错。我可以为你祝福吗？"他向前一步，把手伸给姑娘，那枚钻石戒指就在他的手上。

“谢谢您的祝福。”姑娘立刻也伸出手，戒指戴在了她的手指上。姑娘用十分柔和的声音说，“我也祝您好运！”

故事中的这个小姑娘是睿智的，她很会照顾对方的情面，没有开门见山地要回戒指，而是委婉地指出了男子的错误，先说出自己的难处，找工作不容易，让男子认识到自己的错误，进而主动交还戒指。那男子也很珍惜没有露丑丢脸的时机，非常体面地改正了自己的错误。

委婉是一种既温和婉转又能清晰地表达思想的谈话艺术。从心理学的角度来看，委婉含蓄的话不论是提出自己的看法还是向对方劝说，都能比较适应对方心理上的自尊，使对方容易赞同、接受你的说法。

韩昭侯平时说话不大注意，往往在无意间将一些重大的机密泄露了出去，使得大臣们周密的计划不能实施。大家对此很伤脑筋，却又不好直言相告。

一个叫堂豁公的聪明人，自告奋勇到韩昭侯那里去，对韩昭侯说：“假如这里有一只玉做的酒器，价值千金，它的中间是空的，没有底，它能盛水吗？”韩昭侯说：“不能盛水。”堂豁公又说：“有一只瓦罐子，很不值钱，但它不漏，你看，它能盛酒吗？”韩昭侯说：“可以。”

于是，堂豁公因势利导，接着说：“这就是了。一个瓦罐子，虽然值不了几文钱，非常卑贱，但因为它不漏，却可以用来装酒；而一个玉做的酒器，尽管它十分贵重，但由于它空而无底，因此连水都不能装，更不用说人们会将美酒倒进里面去了。人也是一样，作为一个地位至尊、举止至重的国君，如果经常泄露臣下商讨的有关国家的机密的话，那么他就好像一件没有底的玉器，即使是再有才干的人，如果他的机密总是被泄露出去了，那他的计划就无法实施，因此就不能施展他的才干和谋略了。”

一番话说得韩昭侯恍然大悟，他连连点头说道：“你的话真对，你的话真对。”

从此以后，凡是要采取重要措施，大臣们在一起密谋策划的计划、方案，韩昭侯都小心对待，慎之又慎，连晚上睡觉都是独自一人，因为他担心自己在熟睡中说梦话时把计划和策略泄露给别人听见，以至于误了国家大事。

堂豁公是一个善于说话的人，能从日常生活中的小事引出治国安邦的大道理，委婉地批评韩昭侯，而不是直接指出来，以便上司能够接受。这样的说话方式，不仅不会得罪人，而且别人还容易听进去，最终还达到了目的，这样无疑是说话说到心里去的一种表现。

说话也要能步步为营

情商高的人说出话来准确得体、巧妙恰当，让人听后如坐春风，而他们往往可以很顺利地达到自己的目的。一个说话高手，就如一个武林高手，一言一词都掷地有声，很容易就能说服别人。所以说，说话需要技巧，只有依循一定的步骤，步步为营，才能稳中求胜，形成排山倒海的气势。

小丽在某饭店做服务员，拾到顾客遗失在店内的手机，想据为己有，被领班的李晓霞发现了，让她拿出来上交，可小丽说："手机是我拾的，又不是我偷的，更不是我抢的，不上交也是不违法的。"李晓霞说："小丽，你知道什么叫'不劳而获'吗？"小丽嘟着嘴回答："不知道！"李晓霞说："'不劳而获'是不经过劳动而占有别人的劳动果实！"小丽有点不耐烦了："你什么时候学会咬文嚼字了？"李晓霞耐心地问："你说，抢别人的东西是不是'不劳而获'？""是的。""你说，偷别人的东西是不是'不劳而获'？""当然是的。""那么，拾到别人的东西据为己有是不是'不劳而获'呢？""这，这……当然……"小丽一时语塞。李晓霞顺势教育道："拾到别人的东西据为己有和偷、抢得来的东西，在'不劳而获'这一点，性质上是一样的，除了国家法律，我们还应有一定的社会公德，再说了，店里也有相关的工作守则，拾到顾客遗失的物品要交还，你可不能因为一时的贪念而犯糊涂啊！"经过领班李晓霞的教育，小丽终于认识到自己的错误，把手机上交了。

在这个例子中，李晓霞坚持"不劳而获"的观点，避开小丽振振有词的歪理，从小到大诱导她，从点到面，层层剥离，步步为营，直奔问题的关键所在，说明拾到东西据为己有，同偷、抢一样是“不劳而获”，是同样可耻的行为。一席话让小丽深受教育，打消了错误的念头。

某电气公司的女推销员依莲到一个州的乡村去推销电，她叫开了一所富有农家的门，户主是位老伯。他一开门见到是电气公司的，就猛然把门关上了。

依莲再次叫门，门勉强开了一条缝。依莲说：“很抱歉，打扰您了。我知道您对电不感兴趣，所以这一次登门并不是来向您推销的，而是向您买些鸡蛋。”老伯消除了一些戒意，把门开大了一点儿，探出头，用怀疑的目光望着依莲。依莲继续说：“我看见您喂的明尼克鸡种很漂亮，想买一打新鲜的鸡蛋带回城。”接着充满诚意地说：“我们那儿的鸡下的蛋是白色的，做的蛋糕不好看，所以，我的丈夫就要我来买些棕色的蛋。”这时候，老伯从门里走出来，态度比以前温和了许多，并且和她聊起了鸡蛋的事，依莲指着院子里的鸡舍说：“老伯，我敢打赌，您养的鸡肯定比您太太养的鸭子赚钱多。”老伯被说得心花怒放。长期以来，他太太不承认这个事实。于是他把依莲视为知己，并高兴地把她带到鸡舍参观。依莲一边参观，一边赞扬老伯的养鸡经验，并说：“您的鸡舍，如果能用电灯照射，鸡蛋的产量肯定还会增加。”老伯似乎不那么反感了，反问依莲用电是否合算。依莲给了他圆满的回答。两个星期后，依莲在公司收到了老伯交来的用电申请书。

公元前266年，赵惠文王死了，太子继位，因其年幼，由母亲赵太后掌权。秦国乘机攻赵，赵国向齐国求援。齐国说，一定要让长安君到齐国做人质，齐国才能发兵。长安君是赵太后宠爱的小儿子，太后不让去，大臣们劝谏，赵太后生气了，说：“谁敢再劝我让长安君去齐国，老妇我就要往他脸上吐唾沫！”左师触龙偏在这时候求见赵太后，赵太后怒气冲冲地等着他。

触龙步伐缓慢地来到太后面前，说：“臣最近腿脚有毛病，只能慢慢地走路，请原谅。很长时间没有来见太后，但我常挂念着您的身体，今天特意来看看您。”太后说：“我也是靠着车子代步的。”触龙说：“每天饮食大概没有减少吧？”太后说：“用些粥罢了。”这样拉着家常，太后脸色缓和了许多。

触龙说："我的儿子年小才疏，我年老了，很疼爱他，希望能让他当个王宫的卫士。我冒死禀告太后。"太后说："可以。多大了？"触龙说："15岁，希望在我死之前把他托付给您。"太后问："男人也疼爱自己的小儿子吗？"触龙说："比女人还厉害。"太后笑着说："女人才是最厉害的。"

这时，触龙慢慢把话题转向长安君，对太后说，父母疼爱儿子就要替他长远打算。如果您真正疼爱长安君，就应让他为国建立功勋，否则一旦"山陵崩"，长安君靠什么在赵国立足呢？太后听了，说："好，长安君就听凭你安排吧。"于是，触龙为长安君准备了上百辆车子，到齐国做人质。接着，齐国也派兵救了赵国。

触龙之所以能说服太后，在于他不急于求成，采用由小到大、招招紧跟的说服方法，一步一步具体而又细致地为对方剖析情势，为其出谋划策，这就一步一步地把双方的心理距离拉近了。最终使看似没有商量余地的太后接受了自己的意见。

总之，在说服别人时，你可以采用由小及大的方法，分步骤分阶段去分析事理，这是一种步步为营，招招紧跟的方法。此法的好处是容许被说服者在接受说服的过程中，存在一个认识过程，获得一些全新的认识。

生活中处处留心皆学问

生活中，高情商的人总能做到处处多留心、事事多上心、时时多用心，当遇到问题的时候，别人一上手就抓瞎了，而他们却因为留心用心，往往能想到绝好的办法。我们身边肯定有一些能说会道语言很有魅力的人，只要你多留心学，那么将来你会成为这样的人。

一个阿拉伯人在沙漠里与骑骆驼的同伴失散了，他找了整整一天也没有找到。傍晚，他遇到了一个贝都因人。阿拉伯人询问贝都因人是否见到失踪的同伴和他的骆驼。

"你的同伴不仅是胖子，而且是跛子，对吗？"贝都因人问，"他手里是不是拿一根棍子？他的骆驼只有一只眼，驮着枣儿，是吗？"

阿拉伯人高兴地回答说："对！对！这就是我的同伴和他的骆驼。你是什么时候看见的？他往哪个方向走了？"

贝都因人回答说："我没有看见他。"

阿拉伯人生气地说："你刚才详细地说出我的同伴和骆驼的样子，现在怎么又说没有见到过呢？"

"我没有骗你，我确实没有看见过他。"贝都因人平静地说，"不过，我还知道，他在这棵棕榈树下休息了好长时间，然后向叙利亚方向走去了。这一切发生在几个小时前。"

"你既然没有看见过他，那么，这一切又是怎么知道的呢？"

"我确实没有看见过他。我是从他的脚印里看出来的。你看这个人的脚印：左脚印要比右脚印大且深，这不是说明，走过这里的人是个跛子吗？现在再比一比他和我的脚印，你会发现，他的脚印比我的深，这不是表明他比我胖吗？你看，骆驼只吃它身体右边的草，这就说明，骆驼只有一只眼，它只看得到路的一边。你看，这些蚂蚁都聚在一起，难道你没有看清它们都在吸吮枣汁吗？"

"你怎么确定他在几个小时前离开这里的呢？"

贝都因人解释说："你看棕榈树的影子。在这样的大热天，你总不会认为一个人不要凉快而坐在太阳光下吧！所以，可以肯定，你的同伴曾经是在树荫下休息过。可以推算出，阴影从他躺下的地方移到现在我们站的地方，需要几个小时。"

听罢之后，阿拉伯人急忙朝叙利亚方向去找，果然找到了他的同伴。事实证明，贝都因人说的一切都是正确的。

由此可见，只要融入生活、观察生活、体验生活，做生活的有心人和细心人，你就能学到很多知识，并且还能应用于生活。学习口才也是如此。你只需留心观察，就能从一些细小的地方，平常的事情中获取口才的技巧。

下面是王林讲述他的一次旅游经历：

在那一次旅游中，旅游车行驶到了一段坑坑洼洼的道路上。车上的游客纷纷抱怨。

这时候，导游微笑着说："现在请大家一定要身心放松，因为我们的旅游车正在为大家做全身按摩，按摩时间大约为10分钟，不另收费哦。"

游客们都笑了起来，抱怨一下子烟消云散了。

后来，由于天气原因，游客乘坐的飞机改了航班，大家都很扫兴。

这时候，导游安抚游客说："这多好啊，咱们刚好可以利用这个机会去苏州。这样，大家的行程上就又增加了一个美丽的城市，在您的相册上和记忆中还可以留下'东方威尼斯'的丽影。"

此话一出，大家的兴致立刻高涨了起来。

最后，在游览杭州的时候，下起了绵绵细雨，游客们的情绪也随着阴沉的天气而变得低落。

导游见此情景，又开始发挥自己伶牙俐齿的好口才：“真是天公作美啊。记得苏轼有一首诗说，‘水光潋滟晴方好，山色空蒙雨亦奇。若把西湖比西子，浓妆淡抹总相宜。’你们看，知道有远道而来的客人，老天连忙下起了绵绵细雨，好让大家感受苏轼曾经感受过的最美的西湖！”

旅游结束后，王林感慨地说，在这次旅游中，不仅欣赏了美丽的风景，更重要的是从那位导游小姐身上学会了说话的技巧。

俗话说：“处处留心皆学问。”只要你做生活的有心人，注意身边人说话的方式和技巧并加以学习，你就会有许多重大的发现和可喜的收获，从而慢慢地变成一个说话高手。

多学习别人来提升自己

孔子是我国春秋末期伟大的思想家、教育家、政治家，儒家学派的开山鼻祖，被人们尊为“圣人”，他的弟子众多，大家都向他请教学问。他弟子及再传弟子的《论语》是千百年来的传世之作。孔子学问渊博，可是仍虚心向别人求教。

孔子苦苦钻研“礼”的学问，可终没有得出结果，为此，他感到十分苦恼。当他听说老子经过多年苦心探索钻研，知识渊博，已经求得天道的消息后，就决定去洛阳拜访老子。

老子见了孔子，便热情地接待了他，并对他说：“阴阳之道是不可以用感官感知的，也是不能用语言来表达的，道也是不能送人的。寻求道，关键在于内心的感悟。心中没有感悟就不能保留住道；心中自悟到道，还需和外界的环境相印证。因此，可以说，得道之人是无为的，是简朴而满足的，是不以施舍者自居，也无所耗费的。自己正的人才能正人，如果自己内心不能正确领悟大道，心灵活动便不通畅。”

一席话使孔子心窍大开，在和老子分别后，他对自己的学生说：“我今天看见了老子，就像见到了龙一样啊！”老子的一席话，使孔子对他的高深见解十分赞赏，可见这次拜访使孔子有了很大的收获。

由此可见，虚心求教，不耻下问是获得真知的最有效途径。三人行必有我师，向别人请求指教才是一个人进步提高的更好方法。

鲁迅先生曾说过：“只看一个人的著作，结果是不大好的，你就得不到多方面的优点。必须如蜜蜂一样，采过许多花，这才能酿出蜜来，倘若叮在一处，所得就非常有限，枯燥了。”所以说，如果你想自己的说话水平达到人人爱听的境界，就必须博采众长、虚心求教、刻苦练习。

生活中，我们身边能说会道、能力很强的人很多，他们的言行举止都应该是我们所注意观察和学习的。

香港著名富豪李嘉诚就非常注意培养他的儿子观察学习别人的说话艺术及办事能力。每当有重要的会议，会见重要的客人，处理企业的一些问题时，他总是让儿子在一旁观察、倾听、领会。也正因为他对儿子的悉心培养，才使得他的两个儿子在今天从容地支撑并发展起他的经济王国。

柏拉图说过：“不知道自己的无知，乃是双倍的无知。”英国诗人雪莱说过：“我们学得越多，就越发现自己无知。”孔子也说过：“知之为知之，不知为不知，是知也。”一个人要想提高自己的说话水平，就必须放下架子，丢掉面子，向有经验的人和对口才有研究的专家虚心求教，不懂就问，不耻下问，这样才能使自己的说话水平和能力发生质的变化，收到事半功倍的效果。

多向会说话的人学习请教的同时，我们还要多去倾听别人的说话。西方有句谚语说：“上帝之所以给人一个嘴巴两只耳朵，就是要人多听少说。”多听，才是最有收获的，不断地丰富自己的内在知识，不断地去学习别人的长处，用一颗自信与谦和的心来面对自己的每一次社交与工作中的场合，即使自己做得不够好，只要努力，只要有真诚，相信你假以时日，一定能够成为一位说话和沟通的高手，为自己的事业和生活带来很多快乐！

听别人话中的更多信息

在说话的时候，做一个倾听者不仅是对别人的尊重，而且认真听的过程中会接收到很多的信息，这样到了自己要说的时候，也才能说出更有水平更具针对性的话。

古时候，曾经有个小国使臣到中国来，进贡了三个一模一样的金人，金碧辉煌，把皇帝高兴坏了。可是这小国使臣不厚道，同时出一道题目：这三个金人哪个最有价值？

皇帝想了许多的办法，请来珠宝匠检查，称重量，看做工，都是一模一样的。怎么办？使者还等着回去汇报呢。泱泱大国，不会连这个小事都不懂吧？

最后，有一位老臣说他有办法。

皇帝将使者请到大殿，老臣胸有成竹地拿着三根稻草，插入第一个金人的耳朵里，这稻草从另一边耳朵出来了。第二个金人的稻草从嘴巴里直接掉出来，而第三个金人，稻草进去后掉进了肚子，什么响动也没有。老臣说：第三个金人最有价值！使者默默无语——答案正确。

虽然三个金人都有各自的价值，但是第三个金人却因为善于倾听别人的意见而价值最大。这个故事告诉我们：最能说的人，不一定是最有价值的人。老天给我们两只耳朵一个嘴巴，本来就是让我们多听少说的。

外国有句谚语："用十秒钟的时间讲，用十分钟的时间听。"善于倾听，是说话成功的一个要诀。据美国俄亥俄州州立大学一些学者的研究，成年人在一天时间里，有 7% 用于交流思想。在这 7% 的时间里，有 30% 用于讲，高达 45% 的时间用于听。这说明听在人们的交往中居于非常重要的地位。

倾听是一种重要的技巧。它是收集和给予正确信息的关键，影响人们过滤和筛选信息的效果。俗话说得好："会说的不如会听的。"也就是说，只有会听，才能真正会说；只有会听，才能更好地了解对方，促成有效的沟通和交流。

小强的母亲最近声带发炎，疼得要命，医生嘱咐她一周内不要讲话，这可憋坏了平时爱说话的她。但是，母亲发现，这段时间，自己跟儿子的关系却奇迹般地融洽了起来。

看过医生的当天，小强回家一进门："妈妈，我再也不想去幼儿园了，老师笑话我！"

如果平时听到儿子这么说，母亲肯定先责怪孩子调皮，声音比儿子的还大。但是由于不能说话，她只好忍住了，什么都没有讲。

气呼呼的儿子来到母亲的身边，伤心地哭了起来："妈妈，今天老师让我们装玩具，我把小马的耳朵给小驴安上了，老师就笑话我，小朋友们也都笑我。"

母亲依然没有说话，而是把伤心的儿子搂在了怀里。儿子沉默了几分钟，从母亲怀里站了起来，平静地说："妈妈，我去玩了，我没事了。"然后就高高兴兴地走了。

这次声带发炎，无意中让小强的母亲体会到了倾听对于和谐母子关系的奇妙功用。

倾听，是接收信息的重要渠道，也是解除自身疑惑或心结的途径。通过倾听我们可了解对方要传达的消息，感受对方的感情，并据此推断对方性格、目的和诚恳程度。倾听有助于你得到说话者拥有的全部信息。仔细倾听常常使人们继续讲下去。当你掌握了尽可能多的信息之后，就可以更准确地作出决策了。

倾听是获取信息最直接、最有效的方法。报刊文献及资料是了解信息的重要途径，但受时效限制。而倾听可以得到最新信息。交谈中有很多有价值的信息，有时它们常常是说话人一时的灵感，甚至于他自己都没有意识到，但对听者来说却有启发。这些信息不认真倾听是抓不住的。所以有人说，一个随时都在认真倾听别人讲话的人，可在闲谈之中成为一个信息的富翁，这可以说是对古语“听君一席话，胜读十年书”的一种新的解释。

言谈之中不逞一时之能

有些人在做事的时候逞能，往往是以失败而告终。有些人在说话的时候也要逞强，这样往往会让别人受到伤害。言谈之中不逞一时之能是高情商人士言谈中的一条重要原则，也是说话的一个禁忌。在与众人交流时，如果不注意自己说话的语气和态度，经常以不悦而且对立的语气说话，就会招致别人的反感，甚至给自己招来麻烦。

东汉末年的祢衡，自幼聪明伶俐，对事物有辨别能力，有过目成诵、耳闻不忘之才能。成年后，尤显博学多识，却有“恃才傲物”的性格，说起话来毫无分寸。当时的大司马北海太守孔融很器重祢衡的才华和抱负，就把他推荐给曹操。

曹操早就听闻祢衡狂妄自大，于是便派人把祢衡叫来，想当面侮辱他一回，打下他狂傲的气焰。祢衡来到，曹操大大咧咧地坐在座位上，并不起身，也不让祢衡坐，把他当成不值得尊敬的属员、奴仆，想以此羞辱对方，从而提高自己的地位。

不料祢衡连看也不看曹操一眼，却仰天长叹：“天地间虽然阔大，怎么竟连一个人也没有！”

“我手下有几十个人，都是当代英雄！你怎说没人！”曹操不快地责问。

祢衡微笑，问：“愿听您说说。”

曹操昂然介绍：“荀彧、荀攸、郭嘉、程昱，智谋深远，就是萧何、陈平这两位汉初名臣也无法与之相比；张辽、许褚、李典、乐进勇不可当，虽是岑彭、马武之类猛士也不及他们；其余，像吕虔、满宠、于禁、徐晃、夏侯惇、曹子孝，都可谓天下奇才、人间英烈，你能说我这里没有人吗？！”

祢衡冷笑道：“这些人我都了解。你那几个谋士文官，像荀彧、荀攸、郭嘉、程昱之流，不过只能干点儿吊丧看坟、关门闭户的杂役；张辽、许褚、乐进、李典之辈，也只配放马送信、磨刀铸剑、砌墙杀狗；至于其他人，更是酒囊饭袋、衣服架子而已！没一个算得上人物！”

曹操怒问：“你有什么本事？”

“我上知天文，下晓地理，三教九流无所不晓，故典史籍无所不通。心怀大志，能拯救天下。岂是和你们这帮俗人相提并论的？”祢衡道。

当时武将张辽在曹操身边，听了十分愤怒，拔剑要杀祢衡。

曹操制止住张辽，冷冷地说：“这个狂妄的家伙，虽没真正治世救国的本事，却在文人间骗了个虚名。今天我们要杀了他，天下读书人定会诽谤我不能容人。他不是自以为天下第一能人吗？好，我就让他当我的一名鼓手，看他羞不羞！”

祢衡并不推辞，立即答应充当鼓手。

第二天，曹操大宴宾客，令祢衡站在厅前打鼓助兴。

祢衡穿一身破衣烂衫来到雍容华贵的宴会厅。左右众人喝道：“为什么不换衣服？”

祢衡当着众宾客的面，在大厅之上脱光了所有衣服，赤条条一丝不挂，昂然而立。曹操大怒：“你怎敢朝堂之上，赤身裸体地污辱大臣，失礼天下？”祢衡哈哈大笑：“欺君犯上才是失礼。我暴露出父母给我的本来面目，有什么不光彩？你敢把你的里里外外全不掩遮地暴露在众人眼前吗？”接着不容曹操答话，就一面击鼓，一面历数曹操的罪过丑行，痛快淋漓地骂了起来。

曹操怒视祢衡良久，忽然笑了笑：“我马上派你到刘表处，作为我的专使劝他来降。你有才华，曹某也最重天下人才。等你完成这个任务回来，我可以让你做公卿，以示我求贤若渴之诚意。”

祢衡并不称谢，受命而去。祢衡到了荆州刘表处，仍是一派名士风度，狂妄自大，对刘表也讽讥、责骂，一如既往。刘表很恼火，便让他再去另一个地方——军阀黄祖处。

祢衡到黄祖那里，起初黄祖对于祢衡还是相当信任的，委任祢衡做文书工作。然而不久，在一次酒醉之后，祢衡骂了黄祖，黄祖一动怒，就砍了他的头，死时才 26 岁。

口舌乃世上最好的东西，因为它能够给你带来各种你想要的成果；口舌也是世上最不好的东西，因为它能够给你带来足以让你遭灭顶的灾祸。如何运用，就在于你自己。祢衡的确有才，但说话肆无忌惮，处处与人为敌，终招杀身之祸，这不能不说是一个大教训。所以，与众人交流时，不可成为对立的焦点，不然就会给自己带来巨大的麻烦。

言辞有理也要让三分

在纷繁复杂的社会活动中，谁能保证自己不会和别人发生一些争论？谁又能保证自己事事处处都占理？情商高的人只要没有根本的利害冲突，即便自己占理，也应让人三分，见好就收是关键。这不仅可以化解矛盾，还能够让彼此加深理解、增进友谊，对于建立融洽和谐的人际关系起到促进作用。

有这样一个发生在餐厅里的故事：

“服务员！你过来！你过来！”一位顾客高声叫喊，指着面前的杯子，满脸寒霜地说：“看看！你们的牛奶是坏的，把我一杯红茶都糟蹋了！”

“真对不起！”服务员一边赔着不是，一边微笑着说，“我立即给您换一下。”

新红茶很快就准备好了，碟子和杯子跟前一杯一样，放着新鲜的柠檬和牛奶。服务员轻轻放在顾客面前，又轻声地说：“我是不是能建议您，如果放柠檬就不要放牛奶，因为有时候柠檬酸会造成牛奶结块。”

那位顾客的脸一下子红了，匆匆喝完茶，走了。

有人笑问服务员：“明明是他土，你为什么不直说他呢？他那么粗鲁地叫你，你为什么不还以颜色？”

“正是因为他粗鲁，所以要用婉转的方式对待；正因为道理一说就明白，所以用不着大声。”服务员说。

那个问话的人赞同地点了点头。

一般人都会这样，不管有理没理，当自己的意见被别人直接反驳时，内心总是不痛快，甚至会被激怒。心理学家指出，用争辩的方法不能改变别人，而只会引起反感；争辩所引起的愤怒常常引起人际关系的恶化，而所争论的事物依旧不会得到改善。所以，服务员没有采取直接争辩或批评的方式与顾客沟通，而是采取了一种得理饶人、见好就收的做法，不仅化解了顾客的怒气和可能发生的冲突，而且还赢得了其他人的赞许。

在现实生活中，有不少冲突都是由于一方或双方纠缠不清或得理不让人，一定要小事大闹，争个胜负，结果矛盾越闹越大，事情越搞越僵。这时应该学学“难得糊涂”的心态，在这些小事上，没有必要那么清楚明白，得理也要让三分，用宽容之心待人。

在我们的生活和工作中，并不是所有问题都值得去讨论，也不是任何话题都可以拿出来讨论。在有些情况下，因为个人的性格、兴趣和偏好不同，对问题的看法也不相同。这时如果去引发一场讨论，那一定没有任何结果，也毫无意义，这样做只能是浪费时间。确实非争不可时，也要适可而止，见好就收，如果一意孤行，争论到底，不会有什么好结果。

有一姓王的老翁开了家当铺，生意做得很好。一年年底，来了一个人空着手要赎回当在这里的衣物，负责的管事不同意，那人便破口大骂。王老翁慢慢地说道：“你不过是为了过年发愁，何必为这种小事争执呢？”随即命人将那人先前当在这里的衣物找出了四五件，指着棉衣说：“这个你可以用来御寒，不能少。”又指着一衣袍说：“这是给你拜年用的，其他没用的暂时就放在这里吧。”那个人拿上东西默默地回去了。当天夜里，那人居然死在别人家里，而且他的家人同那家人打了很多年官司，致使那家人的家资花费殆尽。

最后经过调查，原来这人因为在外面欠了很多钱，他事先服了毒，本来想去敲诈王翁，但因为王翁的忍辱宽恕而没有得逞，于是便祸害了另一家人。有人将事情真相告诉了王翁，王翁说：“凡是这种无理取闹的必然有所倚仗，如果在小事上不能忍，那就会招来大祸。”

这就是有理让三分的做法，这位老翁的情商可谓很高。他感化了人心，也赢得了别人的心。

人人都有自尊心和好胜心，在生活中，大部分人一旦陷身于争斗的旋涡，便不由自主地焦躁起来，有时为了自己的利益，甚至是为了面子，也要强词夺理，一争高下。一旦自己得了“理”，便绝不饶人，非逼得对方鸣金收兵或自认倒霉不可。然而这次“得理不饶人”虽然让你吹着胜利的号角，但也成了下次争斗的前奏。因为这对“战败”的对方也是一种面子和利益之争，他当然要伺机“讨”还。其实，在这种时候，对一些非原则性的问题，我们何不主动显示出自己比他人更有容人之雅量呢！

不在不适宜的场合乱说话

人类语言交流的实践证明，在同一个社会环境表达同一思想内容，不同交际场合要求采取与之相适应的语言形式，否则就达不到交际的目的。一个情商高的人肯定会在说话的时候看场合。

《战国策·宋卫策》中讲述了这么一件有趣的事。

有一个卫国人迎娶新媳妇。新媳妇一坐上车，就问道："驾车的三匹马是谁家的？"

驾车人说："借来的。"

新媳妇就对仆人说："要爱护马，不要鞭打它们。"

车到了夫家门口，新媳妇一边拜见家人，一边吩咐随身的老奶妈："快去把灶里的火灭掉，要失火的。"

走进屋里，看见了石臼，又说："把它搬到窗台下边，放在这儿会妨碍别人走路的。"夫家的人都觉得她十分可笑。

上述故事中新媳妇的三句话都是至善之言，为什么反会见笑于人呢？原因就在于"早晚之时失也"。也就是说，她说的不是时候，没有掌握好说那三句话的时间和场合。

聪明的人说话一定要注意场合的要求，从而做到有的放矢而又中规中矩。无论在私人企业还是在国有企业，会看场合说话的人往往能够得到领导的赏识和器重。因为在领导看来，你能够在适宜的场合说出适宜的话，说明你有经验、稳重、有头脑，哪个领导会不喜欢这样的手下呢？相反，如果你不能在适宜的场合发表适宜的看法或言论，就会给自己带来麻烦。

一次，某集团公司经理领着一个企业家代表团参观工厂，经过仪表控制室时，忽然看见仪表板上有两个指示灯一闪一闪的。有客人问：“这两个指示灯为什么闪？”经理回答说：“等液体达到临界线，它就不闪了。”众人恍然大悟地点了点头。谁知经理的话音刚落，站在一旁的仪表管理员王某却说：“不是的，那两个灯坏了。”见客人都扭过头看自己，经理显得非常尴尬，真是无地自容。

在这个故事中的王某的话并没有错，错就错在了他说话不看场合，在众多客人面前给经理纠错，不但让领导下不了台，还会引起客人对公司和领导的猜想。如果王某能想一想在这个场合给领导纠错造成的严重后果，从而改为私下里再向领导汇报灯坏了，那么，也就不会出现这一尴尬局面了。

人长了嘴巴就是要说话的，但说话一定要看场合，看时机。如果说话不看场合，不讲究方式方法，不考虑结果，往往就会惹出是非和麻烦来。

在一次宴会上，某人在酒桌上向邻座的人讲起某校校长的秘密来，同时表现出对校长卑鄙行为的极大不满，并说了一堆攻击的话。

直到最后，一位太太问他说：“先生，你认识我是谁吗？”

“还没有请教贵姓。”他回答说。

“我正是你说的那位校长的妻子。”

这位先生立时窘住了，场面非常尴尬。

这位太太很有教养，没有当面指责他，但这位口无遮拦的先生给别人留下的印象一定不怎么样。

由此看来，如果我们说话时不加注意，就可能伤人败兴，引起误解，惹怨招尤。我们要注意说话的场合、对象、气氛，不要口不择言，想说就说。

在我们日常生活中，舌头惹出的风波太多了。不负责任的背后闲言杂语，会给别人造成痛苦和烦恼。当然给别人带来不幸的同时，自己也不会幸福到哪儿去。因此，不要在不适宜的场合说不适宜的话。如果在说话中你能够很好地注意培养自己对于场合的掌控能力，就能成为一个能说会道的人。

Chapter 5

不怒不怼，让情商成为助你成功的洪荒之力

营造气氛为自己打开一扇窗

任何年纪的人都需要聊天，就像需要吃饭一样。许多人在正式谈论一件事情的时候，都喜欢以轻松的话题作为开场白，然后再逐步导入正题。律师、作家、新闻记者及演员都是这方面的专家。他们都懂得如何以轻松的方式开场，然后再迅速把握住谈话的主题，达到充分沟通的目的。

善于聊天的人之所以能把谈话的气氛营造得很热烈，并不是靠自己比别人懂得更多，或声调比别人高，或最会讲笑话，或懂得“控制”谈话的方向。聊天聊得好，并不是什么秘密，甚至一点也不困难。首先，你的谈话态度一定要放轻松，然后再设法找出对方喜欢的话题，尽量让对方发表意见。至于你，“不妨装出”有兴趣的样子，仔细倾听。

当你在寻找话题的时候，最好不要涉及政治与宗教信仰这两个主题，因为这类话题最容易引起激烈的争辩，而将原来的轻松场面一扫而空。最好谈一些小的、不重要的事情。如果你以这些话题作为开场白，对方一定不会认为你是在说教、吹牛或宣扬你的主张。我们在聊天这件事上最容易犯的错误，就是一见面就从对方所从事的工作谈起。我们总以为，和医生谈开刀，和运动员谈打球，和商人谈生意经，和国会议员谈政治，乃是“天经地义”的事。殊不知，他们一年到头做同样的事情，如果你再不识相地和他们谈这些事情，表面上他们不会发作，内心很可能把你当成是“无聊分子”。美国前任总统肯尼迪最讨厌和别人谈政治，可是偏偏许多人都找他谈政治，还自以为此举可以讨好他呢！

那么，我们到底应该谈哪些事情呢？最好的办法，就是经常阅读报纸和一般的杂志，以增加各方面的常识。不然，除了“你好吗？”“今天天气不错啊！”之外，接下来你就不知道要聊些什么了。娱乐新闻也是一个很好的话题，其他如哪里新开了一家餐厅、什么地方最适宜度假等，都是很好的开场白。

“沉默是金”在社交场合根本行不通，而且是非常不礼貌的。反之，善于打破沉默、谈笑风生、能带动现场气氛的人，走到哪里都会受到大家的欢迎。这种人不会让现场沉默太久，也不会让“无聊分子”一直强迫别人听他的训话。这种人懂得适时转变话题，让大家都有台阶下。社交活动的目的，就是要让话题一直继续下去，使得宾主尽欢。如果你不想说话，还不如回到家里看电视、读小说算了。

自如发挥把自己当演说家

美国有位记者后来改行做企业管理，有一次他在同学会上就发现一个奇怪的现象，当时班上读书成绩平平的，反而都获得了成功；而当时成绩好的、智商高的，后来有不少人成就平平。那么其他的班级是不是也会这样？他也了解了其他班级，几乎也是如此，于是他就得出一个结论，在一个人成功之中，智商只占20%。那还有80%是什么呢？他不知道是什么，他就苦苦地去找，找那80%成功的东西是什么。1995年，美国哈佛大学教授丹尼尔·戈尔曼写了一本书，这本书叫作《情绪智力》。在这本书中他提到了情绪的一些问题，但是令我们一般的人，甚至全世界的人都不得不承认，而又十分担忧的普遍性的问题、普遍的趋势被他提出来了。什么趋势呢？现代儿童比较孤单、忧郁、任性、好动、焦虑、冲动，这些说出来，好多家长说对啊，就是这样的，特别是我国好多独生子女家长都有同感，引起共鸣。人们一再找原因，是什么原因导致这样的结果，最终找到了。是什么呢？是情商，是情绪、情感。情商是人成功的一个特别重要的因素。也就是说智商再高，情商不高不一定能成功。而智商不太高，情商比较高，反而很可能成功。

现在很多人智商高但是情绪大，惧怕讲话。据哈佛大学的一项研究，在美国，被列为第一号恐惧症的就是当众演说。并非在百万人的集会上才称得上当众演说，而更多的说话机会是在几人或几十人面前。商务代理、工厂监督、办公室工作人员、讨论课上……人人都可通过自己引人入胜的谈吐给人深刻的印象。

成功的谈话或者和别人说话，需要做到镇定自如，并且自信地认为自己就是演说家。当然还有两个环节需要注意。在表达观点前要进行充分准备。德肖维茨教授指出，无论何种性质的演说，其准备工作是相当重要的。准备工作可分为四步：挑选适当的主题。合适的主题应该是你印象最深的事情。众目睽睽之下，唯一能使你感到轻松的办法就是要清楚自己要说的是什么，要完全自信。例如，当年美国人质在伊朗被扣押时，电视中转播了他们的夫人被采访的情景。她们虽然未经过正式的训练，但在发表电视演说时，都滔滔不绝，能言善辩。这是因为她们的雄辩发自于内心深处。挑选听众最感兴趣的主题并作简略提示。假如你要说有关改进办公效率的问题或要把某项计划介绍给某公司董事会，那你就要强调它所带来的利润。如要对某项任务的执行者作演说，就要着重讲怎样才能使他们的工作更为便利。必须懂得：每个听众的想法都一样——从中我能得到什么。

自己所说的话题要有逻辑性。首先要一个开头语，它一般是对你所要谈及问题的简短叙述。然后是正文部分，它包括你要说明的主要内容。还要有一个结尾，用它来总结你整个的演说，归纳起来就是：预告、正告、总结。此外最好能引用一些常见的典故、名言等作引子说明你所要谈及的内容，从而使听众易于记住你所说的事，并能跟随你的思维行程。此外还要做一个简短提纲。在和别人谈话谈判的时候，最忌讳的莫过于手捧稿纸读，它是不可能令人感到自然的。如果需要，可把主要内容的标题简短地写在小纸条上，演说时对纸条快速的一瞥可以触发你的思维。要懂得，稿纸写得越繁杂越无益，对稿纸看得越少，你与对方就能得到更好的交流。

必要的单独预演。把预演内容准备好之后，需要单独预演。练习最好是自己单独完成，因为你是要当众演说，而不是与别人单个讨论。练习时还要设想听众的各种反应。只要可能，在你要演讲的地点还要作最后一次复演，这样在你真正演说时就会感到轻松坦然。

一切准备工作做好了，还需要你临场发挥自如。无论你准备得如何得当，你最终还要能流畅地说出口。在你说的时候，要注意与对方交流感情。一般来说，并非需要什么专门的话术，只要自己能发挥自如就会少出差错。话语要简短，多采用些例子，都有助于让别人开心地听你讲下去。

开口微笑是一剂舒心药

在生活中，我们常常遇到这样的人，说话时面带微笑，言辞得体，让人心生亲近之感。而有的人板着脸说话，不是让人心里恐惧就是紧张，而他说的话往往因为给别人带来负面的情绪感受，效果也大打折扣。所以，对于我们每个人来说，微笑着与人谈话，会让人感到舒心，而且你的话才有可能真的产生效果。但是很多人一说话会产生紧张情绪。在公众场合说话的时候，第一次与陌生人见面的时候，求职面试的时候，走上舞台表演节目的时候……

孙伟是一家外资企业的销售员，他终日处于极度苦恼中。在一次竞职销售经理的演讲中，他由于十分紧张，加上平日抽烟太多，导致演讲时嗓子干燥，不能说话。可想而知，他竞职失败了。但经历了这次事件之后，孙伟的内心也因此留下了阴影，以后每逢人多场合就讲不出话来，心跳加速，一句话也讲不出，全身冒汗，紧张到了极点。在别人面前他感到非常自卑，总认为他们在嘲笑自己，这加剧了孙伟对社交的恐惧，而他的工作性质又要求他在众人面前多讲话，孙伟实在苦恼极了。

有一位职业经理人，为了工作需要，不得不将下属叫到办公室，逐个安排工作，其实一个会议即可解决，但他对那种会议上的“焦点感”感觉紧张，不想因当众发言的“语无伦次”，在下属面前失去威信，他坦言，这是他目前最大的困扰，也对工作效率有些影响。

“我总是不敢在员工大会上讲话、发言，那会使我心跳加快，脑中一片空白……”有很多人也坦然地承认自己说话的胆怯，而且对此颇为苦恼。

其实，紧张并不是某一个人的心理，大多数人都程度不同地具有这种心理，因此，这也可以说是相当一部分人的共同心理特点。越是紧张表情就越僵硬，想要表达的东西就难以表达出来。

心理学家们通过研究发现，大多数人都或多或少地在说话方面有些不健康的心理，而紧张和恐惧便是这些不健康心理的突出表现形式，是影响人们进行正常说话和语言交流的明显障碍。

1993 年，布拉斯金—戈德林调查公司作了一项调查。研究表明，有 45% 的人当众讲话就情绪紧张。另外，亚特兰大行为研究院的罗纳德·塞弗特所作的研究也表明：“有 4000 万美国人不喜欢发言，他们宁愿做其他任何事也不愿意当众讲话。而且多达 4000 万需要经常讲话的人无法摆脱焦虑和紧张。”所以，你如果以为只有自己害怕讲话，那么，你尽可以放心，你绝非那么孤单。可以毫不夸张地说，人人都可能在说话前后或说话过程中出现紧张的心理：性格内向、沉默寡言者如此；天性活泼、思想活跃者如此；即便演说专家、能言善辩者也不例外。

从心理学上说，紧张是一种生理反应过程，通常是指由于外来压力而引起机体所产生的一种生理结果。由于外来压力过大或机体本身应对能力过低就会产生“过度紧张”。

心理学家建议，当一个人特别紧张时，不妨面带微笑。因为笑对于缓解全身的紧张状态有很好的作用。另外，微笑是一个人充满信心的表现，它和人的自信心相互促进，自信心使人充满微笑，微笑使人更加充满信心，两者相互产生促进作用。因此在紧张的时候，学会发自内心的微笑，能够有效地克服紧张情绪，增强你的自信心。

有这样一个女孩，一遇到人多的场合，她就会紧张得要命，说话还会有些结巴。但她有一个习惯，那就是无论遇到什么事她的脸上总会呈现出灿烂的微笑，也是这灿烂的微笑陪她度过了一生。

那一年，女孩所在的学校要组织演讲比赛，女孩特别喜欢演讲，于是便报了名。经过女孩的不懈努力终于进入了决赛，女孩高兴极了，便把妈妈也邀请了过来。轮到女孩上场了，看到台下众多的观众，她十分紧张。刚开口，就出现了结巴的情况。台下的人开始骚动起来，有人嘲笑女孩：“结巴也能演讲？真不害臊！”甚至有人还在冷嘲热讽。就连神情严肃的评委也有些显得不耐烦了，女孩的妈妈生怕女儿会承受不住别人的讽刺，便小声抽泣了起来。可下面发生的一幕让全场的人都惊呆了，女孩不但没有气馁，反而面带微笑并自信地说了一句：“我……相信……自己的……能……力，请大家也要……相信……我……好吗？”这一番话短小而精悍，让台下的人都赞不绝口。台下渐渐安静了下来，女孩也逐渐地摆脱了紧张的情绪，开始了她的正式演讲。每个人都很用心地去聆听女孩的演讲，评委也给了女孩高度评价。演讲结束后，台下响起了雷鸣般的掌声，这掌声是发自内心的！

20年后，女孩成了一名家喻户晓的主持人，同时也克服了一紧张就口吃的毛病。当有人问女孩成功的秘诀时，女孩的脸上又闪出那令人熟悉的自信的微笑，女孩轻轻地说了一句——就这一句又让在场的人震惊了：“什么时候都要有着自信的微笑！”

由此可见，对于说话紧张的人来说，有自信的微笑是很重要的。自信的微笑来源于内心中的力量，从气质中散发出来，是对自己的一种肯定，一种鼓励，同时也是在暗示自己“我很好，我能行”。所以，微笑是一个人自信的表现，在社交中的作用不能小觑。在与人交流时，如果你以微笑的态度出现在别人面前，就能缓解内心的紧张。

说话不要被别人牵着走

无论做什么事情，我们一定要有自己的主见，千万不要被别人牵着鼻子走，对自己的想法一定要有所坚持，否则被别人影响，不但自己想说的说不出来，而且还会影响到别人对你的评价。而且在说话的时候绝不可人云亦云，更不可为了迎合他人观点而轻易改变自己的初衷，这样你以后说的话很难进入别人心里，自己也会被看轻的。

卓别林是世界著名的喜剧表演大师，但在他刚开始拍电影的时候，那些电影导演都坚持要卓别林去学当时非常有名的一个德国喜剧演员，可是卓别林没有对导演言听计从、被导演牵着鼻子走，相反，他坚持自己的观点，继续走自己的特色道路。后来，他创造出了一套自己的表演方法，终于一炮走红。

无独有偶。蜚声世界影坛的意大利著名电影明星索菲亚·罗兰能够成为令世人瞩目的超级影星，是和她对自己价值的肯定以及她的自信心分不开的。

为了生存，以及对电影事业的热爱，16 岁的罗兰来到了罗马，想在这里涉足电影界。没想到，第一次试镜就失败了，所有的摄影师都说她够不上美人标准，都抱怨她的鼻子和臀部。没办法，导演卡洛·庞蒂只好把她叫到办公室，建议她把臀部削减一点儿，把鼻子缩小一点儿。一般情况下，许多演员都对导演言听计从。可是，小小年纪的罗兰却非常有勇气和主见。她对导演说："我当然知道因为我的外形跟已经成名的那些女演员颇有不同，她们都相貌出众，五官端正，而我却不是这样。我的脸毛病太多，但这些毛病加在一起反而会更有魅力呢。如果我的鼻子上有一个肿块，我会毫不犹豫把它除掉。但是，说我的鼻子太长，那是无道理的，因为我知道，鼻子是脸的主要部分，它使脸具有特点。我喜欢我的鼻子和脸的本来的样子。说实在的，我的脸确实与众不同，但是我为什么要长得跟别人一样呢？”她拒绝了导演的要求。

“我要保持我的本色，我什么也不愿改变。”

“我愿意保持我的本来面目。”

正是由于罗兰的坚持，使导演卡洛·庞蒂重新审视，并真正认识了索菲亚·罗兰，了解她并且开始欣赏她。

罗兰没有对摄影师们的话言听计从，没有为迎合别人而放弃自己的个性，没有因为别人而丧失信心，所以她才得以在电影中充分展示她的与众不同的美。而且，她的独特外貌和热情、开朗、奔放的气质开始得到人们的承认。后来，她主演的《小妇人》获得巨大成功，并因此而荣获奥斯卡最佳女演员奖金像奖。

不要被世俗的“人之常情”动摇你的想法，这才是你真正会打动别人的地方，也将是成就自我的一个良机。

古希腊著名的哲学家苏格拉底有一个关于苹果的故事：

在一次课堂上，苏格拉底拿出一个苹果摆在讲台上，说：“请大家闻一闻空气的味道。”一名学生迅速地举起手回答：“我闻到了苹果的香味。”苏格拉底走下讲台，举着苹果慢慢地从每一个学生面前走过，并叮嘱说：“请大家再仔细地闻闻，空气中到底有没有苹果的味道？”这时已有半数的学生举起了手，苏格拉底走上了讲台，把刚才的问题又重复了一遍。这一次，除了一名学生没有举手外，其余的都举起了手。苏格拉底走到了这名学生面前说：“你难道真的没有闻到苹果的芳香？”那个学生肯定地回答：“我什么也没有闻到！”于是苏格拉底宣布：“他是对的，因为这是一个假苹果，根本就没有味道。”这个学生就是后来大名鼎鼎的柏拉图。所以，如果你想脱颖而出，就要冷静地坚持自己的观点，不要随波逐流。

生活中，我们需要相信自己，不要因为别人的言论而影响自己。只要你坚持自己的观点和信念，并坚守它，就一定会走到成功！

自信的语言让你有魅力

一个人有没有自信，是完全可以通过说话判断出来的。如果你能把自己的想法或愿望清晰、明白地表达出来，那么说明你的内心一定具有坚定的信心和明确的目标，同时你充满信心的话语也会感染他人、吸引他人的注意力，这样你说的话才能让人信服。

美国前总统罗斯福，当他还是参议员时，潇洒英俊，才华横溢，深受人们爱戴。有一天，罗斯福在加勒比海度假，游泳时突然感到腿部发麻，动弹不得，幸亏旁边的人发现和抢救及时才避免了一场悲剧。后经医生诊断，罗斯福是患上了“腿部麻痹症”。医生对他说：“你可能会丧失行走的能力。”但罗斯福并没有被医生的话吓倒，反而笑呵呵地对医生说：“我还要走路，而且我还要走进白宫。”

第一次竞选总统时，罗斯福对助选员说：“你们布置一个大讲台，我要让所有的选民看到我这个患麻痹症的人，可以‘走到前面’演讲，不需要任何拐杖。”当天，他穿着笔挺的西装，面容充满自信，从后台走上演讲台。他的每次迈步声都让每个美国人深深感受到他的意志和十足的信心。后来，罗斯福成为美国政治史上唯一一个连任四届的总统。

自信的语言，体现了一个人的人格魅力。在与他人说话时，你的自我感觉会在很大程度上影响着别人如何看待你。如果你心里都觉得自己“行”或“可以”，那么你就能得到对方的赏识和尊重，对方也愿意与你继续交流下去。所以说，培养一种自信的感觉是非常重要的，它会让你在与人沟通的过程中受益无穷。

有一位卖地板清洁剂的销售员到一家饭店去推销，刚一推开经理室的门，就发现先一步已有一家公司的销售员正在推销地板清洁剂，而且经理已表示要购买，后进来的销售员凑过去看了看说："经理，我也是销售地板清洁剂的，不过我的产品质量比他的好！"后到的销售员将自己推销的清洁剂往地上一泼，擦了两下说："你来看！"地上变得干干净净的，先进来的销售员呆了，不知道怎么去对付。饭店经理对先来的销售员说："你以后别来了，我要这家了。"可见，自信是成功的先决条件。一个人如果没有自信，那么这个人的言语的影响力就弱，所要表达的想法就不会被有效的传达，也不利于和他人进行有效的沟通。所以说，自信的人具有丰富的个人魅力和感染力，他们更容易与人沟通和交流。

一个叫黄美廉的女子，自小就患上脑性麻痹症。此病症状十分惊人，因肢体失去平衡，手足便时常乱动，眯着眼，仰着头，张着嘴巴，口里念叨着模糊不清的词语，模样十分怪异。这样的人其实已失去了语言表达能力，不亚于哑巴。

但黄美廉硬是靠她顽强的意志和毅力，考上了美国著名的加州大学，并获得了艺术博士学位。她靠手中的画笔，还有很好的听力，来抒发自己的情感。

在一次讲演会上，一个不懂世故的中学生竟然这样提问："黄博士，你从小就长成这个样子，请问你怎么看你自己？"在场的人都在责怪这个学生不敬，但黄美廉却十分坦然地在黑板上写下了这么几行字："一、我好可爱；二、我的腿很长很美；三、爸爸妈妈那么爱我；四、我会画画，我会写稿；五、我有一只可爱的猫；六、……"最后，她再以一句话总结："我只看我所有的，不看我所没有的！"

不愧是黄博士！她以自己的实践，道出了走好人生路的真谛：人需要自信，要接受和肯定自己。

由此可见，一个人是否拥有自信，特别在与人交流的时候，显得至关重要。通常情况下，一个说话自信的人，他知识广泛、头脑灵活、判断力强、信心十足，说话富有磁性而有吸引力，同时，他还能在各种谈话场合中，得心应手，滔滔不绝，赢得别人的认同和赞扬。

自信的语言是一种人格的魅力。没有信心，人们就无法开展有效的交流。而能否保持自信，能否有效地开展交流，决定了你能否拥有成功的生活。生活过得充实与否，学识的高与低，将直接影响你说话的自信度。大凡有所成就的人，他们对自己了解相当清楚，并且肯定自己，他们的共同点是说话十分自信，时时刻刻都用积极的语言来表达自己，让自己自信起来。

与上司说话要认清自己的位置

任何人在任何场合说话，都有自己的特定身份，也就是自己当时的角色地位。比如，在公司里，对上司来说，你是下属；对下属来说，你又有可能成了上司。如用对下属说话的语气对上司或老板说话就不合适了，因为这是有失尊重的。所以，说话时，一定要先确定自己的目标和身份，认清自己的位置，然后再与之交流和沟通。摆不正自己的位置和上司说话，很可能会被认为这个人脑子不灵活或者情商有问题。

每个人都需要被人尊敬的感觉，身居高位的上司更重视这种感觉。因此，需要时刻提醒自己作为“雇员”与上司的位置别造成错位，即使要提建议或者要批评上司，亦必须从上司可以接受的“尊敬”的角度去“出击”，使上司在感到被尊敬的同时接受你的意见。所以用什么方式和理由表达你自己的意见，是个很重要的战术问题。

小王、小黄和小李是大学同学，毕业后，三个人同时应聘一家大公司的市场部，听命于同一位老板。三个人的工作能力和表现都不错，两年以后都成了部门骨干。可是三个人在工作风格上有一个最大的不同，那就是当上司的决策出现问题时，小王就会置若罔闻，采取隔岸观火的态度；而小黄往往会直言不讳地当着众人的面向上司指出来。如果上司安排的事情有明显的错误，小黄甚至会顶着不办。小李则完全不同，当他觉得上司的决策有问题的时候，他会先私下给上司写一封邮件，说明自己的想法和担心。如果上司坚持，他也能认真去实施，尽量完成上司的想法。即使失败，他也主动承担自己那部分责任，从来不在众人面前抱怨上司。三年过去了，上司升职在即，选接班人时，他毫不犹豫地选择了小李。

由此可以看出，在工作中，给上司提出有效意见是十分必要的。但对于上司来说，他又有他的自尊和权威，绝不容外人任意侵犯。即使他错了，也绝不容他的下属使他面子扫地。所以，向上司提建议时一定要把握分寸，不可鲁莽。

在与上司沟通时，我们要学会运用恰当的语言表达方式，这样所取得的效果或许更好。在“进谏”时，你不仅要站在自认为对集体有利的角度，还要“换位思考”，站在上司的角度考虑问题。由于信息的不对称，往往你认为正确的意见，上司可能认为目前时机尚不成熟，所以“不便采纳”。此外，在陈述时多用中性词语及祈使句，而不要让上司感觉你是在将自己的想法强加给他，换句话说是给上司提“建议”而不是提“意见”。通过适当的方式把自己的建议传递给上司，如果这个意见对公司发展非常有益，相信上司不会不采纳的。因此，你就需要平时多与上司沟通。

另外，人之天性是喜欢听赞美之词的。上司也是人，同样不能例外。上司们口头上一般都会表示极其厌恶员工拍马屁的样子，但他们同时也承认，来自员工的溢美之词偶尔也会让自己很开心。赞美上司是对上司的认可、支持和褒扬，是员工与上司搞好关系的“润滑剂”。但在职场中，有些人的“赞美”总让人感到恶心。他们不分场合和时间，巴结上司，什么过头的话他们都说得出口，他们认为向上司大献殷勤就能轻而易举地得到提升，而不想通过努力工作而获得成功。拍马溜须固然是最容易赢得上司的方法，但不择手段，甚至以丧失人格和尊严为代价换取一时的利益，实在是不可取，也是与上司相处的忌讳。尤其在现代社会中，人们都对人格、尊严看得很重，像这种奴性十足的奉承不仅上司不愿接受，其他同事看起来也会感到幼稚、可笑。称赞上司并不是工作的全部，只是建立良好的人际关系，使自己的工作得以顺利完成、目的得以顺利实现的一种方法。巧妙地运用赞美之词，让你的上司欣赏你，营造一种和谐的职场气氛，同时不失去自己做人的尊严和修养，事业的成功也就离你不远了。

能说会道也需苦练

每个人都想拥有一个成功的人生，都希望能够在众人面前“语出惊人”，展现自己的风采，树立自己的形象。一个人具有了良好的说话能力，就一定会展现出无穷的魅力，无论是立身处世，还是交友待人，定会挥洒自如。

然而，能说会道并不是一种天赋的才能，它是靠刻苦训练得来的。古今中外历史上一切口若悬河、能言善辩的演讲家、雄辩家，他们无一不是靠刻苦训练而获得成功的。

著名演讲家、英国前首相丘吉尔就是在演讲方面勤奋刻苦的典型代表。他的儿子伦道夫在一本书中曾这样写道：“我的父亲之所以能成为世界上十大杰出的演讲家，就是因为他把毕生的精力都花在练习演讲、写演讲稿和记忆这些讲稿上了。”正是由于丘吉尔对演讲的酷爱和刻苦练习，才铸就了他的演讲炉火纯青的境界。直到今天，人们对丘吉尔那富于激情和鼓动性的演讲仍津津乐道。

我国早期无产阶级革命家、演讲家萧楚女，更是靠平时的艰苦训练，练就了非凡的口才。萧楚女在重庆国立第二女子师范教书时，除了认真备课外，每天天刚亮就跑到学校后面的山上，找一处僻静的地方，把一面镜子挂在树枝上，对着镜子开始练演讲，从镜子中观察自己的表情和动作，经过这样的刻苦训练，他掌握了高超的演讲艺术，他的教学水平也很快提高了。1926年，他当时只有30岁，就在毛泽东同志主办的广州农民运动讲习所工作，他的演讲至今受到世人的推崇。

这些名人为我们训练口才树立了学习的榜样，我们要想练就一副过硬的口才，就必须像他们那样，一丝不苟，刻苦训练。只要肯下苦功，即使笨嘴也可以变成巧嘴；即使有一些生理的缺陷，也会因口才的出色而弥补。

古希腊著名演说家德摩斯梯尼，原先患有口吃病，幼年结巴，声音微弱，说话时常被人耻笑。但他始终对自己信心百倍，为了克服疾病，每天清晨口含小石子，呼喊练习，终于成为口若悬河、辩驳纵横的演说家。他曾经把自己关在一个黑屋子里练习，为了避免别人打搅，竟把头发剃去一半，成了阴阳头，硬逼着自己专心致志地练习口才。经过 12 年刻苦磨炼，终于走上了成功之路。

无独有偶。日本前首相田中角荣，少年时也曾患有口吃病，但他没有被困难吓倒，为了克服口吃，练就口才，他常常朗诵、慢读课文，为了准确发音，他对着镜子纠正嘴和舌根的位置，严肃认真，一丝不苟。

无数事实证明，口才的好坏，无不取决于后天的练习。任何一个有志于拥有好口才的人，哪怕是笨嘴拙舌、犯有口吃毛病、甚至是有严重的生理缺陷的人，只要专心致志、持之以恒地刻苦练习，则都会成为说话技巧高超、口才水平出众的伶牙俐齿的人。

苏秦是我国战国时期一位有名的纵横家。他是当时大名鼎鼎的鬼谷子的学生，从老师那里学成出师之后，曾经先后去游说过周王、秦王，但是都失败了。

随后，苏秦很落魄地回到了家里，受到了亲戚朋友甚至包括自己父母的冷遇。于是他发愤图强，拼命地刻苦攻读，为了防止自己在学习时打瞌睡，他就用一把小锥子朝自己的大腿上狠狠地刺一下，使自己继续学习下去。

苏秦经过了这一番刻苦的钻研，终于使自己的学识又达到了一个新的高度。于是他再次出马，以自己苦心钻研出来的“合纵之道”游说各国君主，终于获得了巨大的成功，以致身佩六国相印，以三寸不烂之舌抵挡百万雄兵，树立了一个“前无古人、后无来者”的典范。

“只要功夫深，铁杵磨成针。”从苏秦的例子中，我们不难看出，刻苦练习、反复实践是提高口才水平的关键。

说话是人的一种基本能力，这是因为在人的大脑里虽然早就贮存了“语言习得机制”，可是语言能力必须通过训练才能获得。而很多调查资料说明，说话却成了很多人害怕的事情。因此，练口才是每个人的必修课。

狄里斯在西欧被称为“历史性的雄辩家”。据说，他天生声音低沉，且呼吸短促，口齿不清，旁人经常听不到他在说些什么。当时，在狄里斯的祖国雅典，政治纠纷严重，因此，能言善辩的人格外引人注目，备受重视。尽管狄里斯知识渊博，思想深邃，十分擅长分析事理，能预见时代潮流和历史发展趋势，但是他认为，自己缺乏说话技巧，容易被时代淘汰。于是，他作了一番周密细致的思考，准备好了精彩的演讲内容，第一次走上了演讲台。不幸的是，他遭到了惨重的失败，原因就在于他声音低沉、肺活量不足、口齿不清，以至于听众无法听清楚他所言何事、何物。但是，狄里斯并不灰心，他反而比过去更努力地训练自己的说话能力。他每天跑到海边去，对着被浪花拍击的岩石放声呐喊；回到家中，又对着镜子观察自己说话的口型，做发声练习，坚持不懈。狄里斯如此努力了好几年，终于功夫不负有心人，再度上台演说时，博得了众人的喝彩与热烈的掌声，并一举成名。

由此可见，没有哪一个人生下来就能言善辩，纵横捭阖的口才是在不断的磨砺中练就的。所以，你想自己的话语能够打动人，也需要你肯下功夫刻苦地练习，而且多实践多总结经验。

多在外部世界磨炼

语言依存于社会，随社会的产生而产生、发展而发展。所以，如果你想拥有好的口才，就要投入社会之中，外界的磨炼是最重要的。情商的高低也取决于一个人和外部世界是否能够产生关联和反馈。只有在外部世界中不断的磨炼，情商和语言的能力才能有所增长。

1920年，在印度加尔各答附近的一个山村里，人们发现了两个由狼抚育过的女孩，她们刚被发现的时候，生活习性与狼一样，而且不会讲话，每到午夜后就像狼一样长嚎。后来，她们中年龄较小的去世了，年龄较大的活了下来，在经过了漫长而艰辛的七年的教化后，她才掌握45个词，勉强地学会了几句话。因此，科学家指出，言语能力并非人天生的本能，而是后天社会实践和劳动的产物。狼孩儿虽然具备了开口说话的生理基础（如发音系统等），但她没有学习说话的语言环境，所以也就无法像正常人一样开口讲话，更谈不上拥有好的口才了。

由此可见，要变得能说会道，必须有一个特定环境，有与你交往的人群。只有多接触这个社会，多与人交往才可以更好地锻炼自己的能力。

否则，如果你只是一个人闭门造车，根本无法练就好的口才。

人类的交际场，是一个人说话水平的磨炼地。我们常见许多人会面的时候，开始像下面类似的谈话。甲："哈哈，今天的天气很不错呢！"乙："是的，很好，哈哈！哈哈！……甲："你好吗？"乙："托福，你呢？"这样的开场白，看起来很平淡，似乎没有什么实质内容的交谈。但是你假如注意一下他们之间的态度，他们的语调，这“哈哈”的一声，就表现着特殊的情感；这情感既不热烈，也不冷淡，而是从生活中磨炼出来的世故经验。所以说，只有多实践，才能更好地锻炼口才。

在日常的工作、学习、生活中，不要放过任何一次公开发表讲话的机会，如大会发言，交谈、辩论、演讲比赛等。我们要充分利用这些机会锻炼自己的口才，提高语言的表达能力。俗话说“操千曲而后知音，观千剑而后识器”，讲的就是持之以恒地实践，而终能成才的道理。

希拉里·克林顿被公认为口才最佳的美国总统候选人之一。希拉里13岁那年，在老师的带领下聆听了马丁·路德·金的一场演说。她深深地为马丁·路德·金的激情所感染，并在老师的介绍下，与这位人民的权利运动领袖握了手。这段经历使得希拉里变成马丁的崇拜者，也使她意识到演说的很大吸引力。从那个时候起，她就下定誓愿要做一名口才卓著的政治家。怎样能使自个儿有口才呢？希拉里通过深刻思考意识到：口才的实践性很强，正如“只有在战争中才会更快学会作战”一样，只有多多实践，才能更快具有骄人的口才。

在课堂上，她利用老师布置的课堂讨论机会，积极与同学们进行讨论；她积极深刻思考，并特别提出一些有争议性和启示性的问题，让同学们乐于和她争论、商议。除此之外，她还专门组织一些志趣相投的同学，成立了一个谈论小组，从国事到起居，从科技到音乐艺术，都是他们谈论的话题。这样，在不断的谈论、争论中，她的口才有了非常大的长进。

说话的机会随处皆有，如果有可能，你不妨参加一个社会组织，从事需要你讲话的工作。在公众聚会里，你要勇敢地站起身来，使自己出个头。另外，还可以适当参加些团体活动，并活跃地参加各种聚会。其实只要你多留心周围的事情，便会发现，没有哪种商业、社交、政治、事业甚至邻里间的活动是你不可举步向前、开口说话的。如果你不去主动地开口说话，并且抓住一切机会磨炼自己，你永远不会有进步，也永远不知道自己会有怎样的进步。所以，如果你想要拥有一副好口才、要干一番大事业，必须经历社会的磨炼，拥有坚强的意志和不服输的劲头，方能成功。

万事毁在紧张上

很多人在练习口才时，遇到的最大问题就是心理素质的问题。有的人平时说话还可以，但一旦正式发言的时候，就紧张得语无伦次、手足无措。

其实，任何人在正式场合，都难免会有点紧张、怯场，即使许多著名的演员第一次面对摄影机时，也经常紧张到几乎忘词的地步。但他们最后都靠平时严格的训练克服难关，并从每次的演出经验中累积自信，从而取得成功。所以只要我们能够表现得从容、大方，在谈吐上自然就可以做得十分得体。

香港凤凰卫视著名主持人窦文涛，小时候性格内向、不善言辞，见生人讲话羞羞答答。他上初中时，班主任老师发现他嗓子不错，就推荐他参加学校的演讲比赛，开始窦文涛死活不肯，但班主任说如果不参加演讲比赛，就要受处分。窦文涛只好硬着头皮，壮着胆子，像上战场一样迈上讲台，由于高度紧张和怯场，他在台上满脸通红、拘谨而紧张、两腿发抖，大脑一片空白，结结巴巴还没说几句话，就引得台下哄堂大笑，只好灰溜溜地走下了讲台。但窦文涛并没有因此而气馁，在老师的鼓励和指导下，通过自己知耻而后勇的奋发努力，刻苦练习，终于使自己的口才得到飞速提高，成为了香港凤凰卫视的“名嘴”。

由此可见，克服这种紧张，对我们的事业有潜移默化的功效。那些接受挑战的人，会发现口才一天天好起来，战胜了当众说话的紧张和恐惧会使自己感觉像脱胎换骨，人生因而更丰富，更圆满。

在卡耐基口才训练班中，曾有一位叫寇蒂斯的医生，他是位热心的棒球迷，经常去看球员们练球。不久，他就和球员成为好朋友，并被邀请参加一次为球队举行的宴会。

在侍者送上咖啡与糖果之后，有几位著名的宾客被请上台“说几句话”。突然之间，在事先没有通知的情况下，他听到宴会主持人宣布说：“今晚有一位医学界的朋友在座，我特别请寇蒂斯大夫上来向我们谈谈棒球队员的健康问题。”

他对这个问题是否有准备呢？当然有，而且可以说他是对这个问题准备最充分的人，因为他是研究卫生保健的，已经行医30余年。他可以坐在椅子上向坐在两旁的人侃侃谈论这个问题，谈整个一晚上。但是，要他站起来讲这些问题，而且对象只是眼前的一小部分人，那就是另外一回事儿了。这个问题令他不知所措，他心跳的速度加快了一倍，而他每一沉思，心脏就立即停止跳动。他一生中从未作过演讲，而他脑海中的记忆，现在仿佛全长着翅膀飞走了。

他该怎么办呢？宴会上的人全在鼓掌，大家都望着他，他摇摇头，表示谢绝。但他这样做反而引来了更热烈的掌声，纷纷要求他上台演讲。“寇蒂斯大夫！请讲！请讲”的呼声愈来愈大，也更加坚决。

寇蒂斯愈发紧张，他知道，如果他站起来演讲一定会失败，他将无法讲出完整的五六个句子。因此，他站起身来，一句话也没说，转身背对着他的朋友，默默地走了出去，深感难堪，更觉得是莫大的耻辱。

后来，寇蒂斯报名参加卡耐基的演讲训练课程。通过努力练习，进步的速度令他自己都感到惊讶，并且超过了他的预期。在上过最初的几节课后，他紧张的情绪消失了，信心愈来愈强。两个月后，他已成为班上的明星演讲家，不久就开始接受邀请，前往各地演讲。他后来很喜欢演讲的感觉及那份欢喜，以及所获得的荣誉，更高兴从演讲中结交到更多的朋友。

只要你多加练习，紧张情绪是可以克服的。在与人打交道的过程中，只有克服紧张，才能自如地与人交流沟通。

生活中，紧张经常是来自“面子问题”或者是“输不起”的心态，但是往往越是刻意掩盖这种紧张，它就越会被放大。其实，在一个陌生的场合里，人人都会紧张，只要能很好克服紧张心理，你就向成功迈进了一大步。

有些人在说话时特别紧张，大都是由于他们说话时呼吸紊乱，氧气的吸入量减少，头脑一时陷入痴呆状态所致。

说话时发生不正常情况通常都是这样的顺序：怯场—呼吸紊乱—头脑反应迟钝—说些支离破碎的话。要克服这些不正常情况，就要学会如何调整呼吸。

说话时全身要尽量放松，静静地做几次深呼吸，吐气时可以略微用点力。这样一来，人的心里就会获得一份踏实感。

在讲话过程中还应尽量避免令自己不安的反面刺激，比如，总是设想自己会犯语法错误，或总担心自己会突然停顿下来，讲不下去了。这些反面刺激，很可能会动摇你的信心。因此，在开口时，最重要的是把注意力从自己身上移开，或集中精力听别人怎么说，避免不必要的紧张感。

听比问和说更能解决问题

情商高的人在说之前，都很懂得倾听，因为他们知道有时倾听比询问更重要，更能解决实际问题。倾听具有一种神奇的力量，它可以让人获得智慧和尊重，赢得真情和信任。

美国演员阿丽恩·弗朗西斯曾主持“我是做什么的”的电视节目。主持人请来一位观众，向他提出问题，然后从中猜出他的职业。该节目办了25年。刚开始办时，阿丽恩对怎样提出生动有趣的问题不得要领，后来她的丈夫对她说：“看你们的节目时，我感到你不能傻等在那里只想提问，而应细心倾听别人在讲什么。最关键的是，你要学会积极主动地倾听。”

阿丽恩接受了丈夫的建议，她说：“这的确是个有效的方法，通过悉心品味他们的谈话，我变得精于此道了。此后，耐心倾听成了我职业的主要内容。”

阿丽恩认为，倾听的作用绝不仅仅是获得信息，还是与你周围人们友好相处的一个途径。她从一个70多岁的老妇人身上也感受到了这一点。

阿丽恩经常在一个杂货店遇到一位老妇人。她深色的双眼充满了戒备和渴望。但当她见到阿丽恩时，总是喋喋不休，唠叨个没完。有时阿丽恩碰到自己心情不好时，都不得不耐着性子听下去。

“我要去阿肯色了，”一天，老妇人对阿丽恩说，“那里春季的高温气候对我的关节炎有好处。不过我会很快回来的，免得你惦念。”

“只有您一个人去吗？”阿丽恩问道。

“对，只有我一个人。”她说，“我是个孤老婆子，独居很久了。可我遇到了许多像你这样的好人，他们愿意听我唠叨。”

阿丽恩意识到，她就是用无处不与人交谈来充实自己晚年枯燥的生活的。聆听的耳朵，就是她的需求。“我的耳朵不仅仅属于我自己”，从那以后，阿丽恩在与陌生人打交道时，都尽力让自己积极耐心地倾听。

事实表明，掌握倾听的技巧，有时比询问更为重要。教育家卡耐基说：“做个听众往往比做一个演讲者更重要。专心听他人讲话，是我们给予他的最大尊重、呵护和赞美。”每个人都认为自己的声音是最重要的、最动听的，并且每个人都有迫不及待地表达自己的愿望。在这种情况下，友善的倾听者自然成为最受欢迎的人。

从前有一位国王，他只有一个女儿，自小就视她为掌上明珠，对她千依百顺。公主成年后，长得貌美如花，而且琴棋书画、歌舞词赋样样皆能，是国中有名的美女和才女。

有一段时间，公主显得有些郁郁寡欢，整天都愁眉不展。国王问她什么事，她只是低头不语，这使国王大惑不解，于是问身边的大臣。有位细心的大臣对国王说：“公主年纪也不小了，该为她选一位夫婿。”国王听了恍然大悟，立即向全国公布了公主要招亲的消息，只要是尚未娶妻的男子，能博得公主的欢心，都可以成为国王的乘龙快婿。

消息传开，引起轰动。第一位上门的是全国最富有的男子，一见面就向公主吹嘘自己富可敌国，日后有享不尽的荣华富贵。公主听了那男子的陈述，轻轻地摇了摇头。

第二位上门的是全国最英俊的男子，公主还是不满意。

第三位上门的是全国最有才华的男子，他极力向公主炫耀才学，古今中外、天文地理、风土人情、琴棋书画，无所不谈。公主还是摇头。

以后又有无数男子去应征，都被拒绝。正当人们大惑不解的时候，公主说自己已选中了如意郎君。但那男子无论是哪方面都极其普通，看不出有什么过人之处。那些失败者忍不住问那男子是如何博得公主欢心的。那男子笑笑说：“我只不过是认真倾听公主说她的心事，然后在适当的时候安慰她几句罢了。”

世上许多人之所以不能给人留下良好的印象，正是因为他们不能耐心地做一个很好的听众。所以，如果要别人喜欢你，原则是：首先做个好听众，并随时鼓励对方谈谈他自己的事。

有耐心沟通才能更成功

在当今这个浮躁的社会中，很多人缺乏了耐心，更没有耐心听别人讲话。时间一久性情也变得急躁，常常是还未等到对方把话说完，就予以否定，然后以十分武断的口气阐述自己的观点。这类人往往是想通过“短、平、快”的方式来解决问题，并显示自己雄辩的口才。但这样做，却往往得不到别人的认同，无法真正解决问题，也无法达到真正的沟通。

有一个年轻人，去拜访苏格拉底，向他求教演讲术，苏格拉底刚开口没说几句话，这位年轻人不但不认真听，反而打断他的话，自己滔滔不绝讲了许多话，以显示自己的才能。苏格拉底说：“我可以教你演讲，但必须收双倍的学费。”年轻人问：“为什么要双倍学费呢？”苏格拉底说：“要教你两门课，除演讲外，还要上一门课：怎样闭住嘴听别人说话。”

在人际交往中，作为尊重他人的一种表现，别人说话的时候表现出的耐心是非常重要的。心理学研究表明，越是有耐心听他人意见的人，与他人关系就越融洽。因为耐心地听本身就是褒奖对方谈话的一种方式，你能耐心倾听对方的谈话，等于告诉对方“你是一个值得我倾听你讲话的人”。

基德是威廉见到的最受欢迎的人士之一。他总能受到邀请参加一些私人聚会。

一天晚上，威廉碰巧到一个朋友家参加一次小型社交活动。他发现基德和一个漂亮女孩坐在一个角落里。出于好奇，威廉远远地观察了一段时间。威廉发现那个女孩一直在说，而基德好像一句话也没说。他只是有时笑一笑，点一点头，仅此而已。几小时后，他们起身，谢过男女主人，走了。

第二天，威廉见到基德时禁不住问道：

“昨天晚上我看见你和最迷人的女孩在一起。她好像完全被你吸引住了。你怎么抓住她的注意力的？”

“很简单。”基德说，“有个朋友把她介绍给我认识后，我只对她说：‘你的皮肤晒得真漂亮，在冬季也这么漂亮，是怎么做的？你去哪儿啦？阿卡普尔科还是夏威夷？’”

“夏威夷。”她说，”夏威夷永远都风景如画。”

“你能把一切都告诉我吗？”我说。

“当然。”她回答。我们就找了个安静的角落，接下来的两个小时她一直在谈夏威夷。

“今天早晨，那个女孩打电话给我，说她很喜欢我陪她。她说很想再见到我，因为我是最有意思的谈伴。但说实话，我整个晚上没说几句话。”

看出基德受欢迎的秘诀了吧？很简单，基德只是让那个女孩谈自己。他对每个人都这样——对他人说：“请告诉我这一切。”这足以让一般人激动好几个小时。人们喜欢基德就因为他注意他们。

由此可见，在别人谈话的时候表现出耐心，向对方表示你的友善和兴趣，这样做的最大价值就是深得人心，能使双方感情相通，增加信任度。

在谈话过程中，你表现出足够的耐心，等于告诉对方：“你说的东西很有价值”或“你值得我结交”，等于表示你对对方有兴趣。同时，这也使对方感到他的自尊得到了满足。由此，说者对听者的感情也更进一步了，“他能理解我”，“他真的成了我的知己”。于是，二人心灵的距离缩短了，只要时机成熟，两个人就会很谈得来。

所以说，在别人说话的时候表现出足够的耐心是人不可缺少的素质之一，是人与人成功沟通的一个必要前提，耐心听取别人要表达的，会给人留下认真、踏实、尊重他人的印象，你在说的时候别人也会还你以尊重。

不熟悉的话题尽量不说

社交谈话看起来似乎人人都会，因为人人都有一张嘴，都有表达自己意愿和想法的愿望，有人说起来也能滔滔不绝，但要真正达到言之有物、言之有理、言之有序，真正达到表达思想、融洽感情、增进友谊的目的，不是每个人都能做到的，情商高的人在交谈中对自己不熟悉的话题会巧妙地避开。

小王是一家电脑软件公司的销售状元。有一次，他去一个公司给客户推销一种并不复杂的新软件时，却被客户问得张口结舌。事实上，这既不是他口才不好，也不是他推销技巧有问题，而是他对软件知识缺乏相应的了解。

任何一个人在讨论自己擅长和熟悉的内容时往往会比谈论那些对自己完全陌生的内容更有自信，这与口才无关。所以，在社交场合你应尽量选择自己熟悉的话题，而避开会被别人"一问三不知"的内容。另外，对于你不知道的事情，更不要冒充内行，因为这是一种不老实的自欺欺人行为。你知道多少，就说多少。如果不懂还要装懂，更容易说错话。

有个北方人，到南方去做官，刚到南方，肯定有许多事情弄不明白，如果虚心请教别人，也许并不难懂。可这位先生却不想去问别人，那样显得自己太无知，岂不是太没面子了。他宁肯不懂装懂，结果闹出许多笑话来。

有一次，他和一位朋友逛街，在菜市场上，他们看到一个人在卖姜。这人没见过姜是怎么生长的，就问道："一棵树上一年能结多少姜？"卖姜的人和周围的人都笑了，他们说："姜是地里长的，怎么能是树上结的呢？"他却硬是和别人争辩个没完："你们真是笨呀，姜是树上结的，我会不知道？

我们邻居家就有一棵姜树，不信，我们问问去？”他虽然这样说，但心里发虚，因为他知道他的邻居家根本没有姜树，他不过是为自己解围罢了。他的朋友心里明白他是不懂装懂，于是，便故意对大家说：“他这么有学问的人会不知道姜是地里长的吗？他不过是考考你们，看你们能不能敢于坚持自己的见解。对的，就要敢于坚持；错的，也要敢于改正，这样才能进步啊！”那人听了朋友的话，脸红了。

人非万能，不可能什么事情都擅长，遇到不懂的事物，千万不可逞强装懂，否则下场很像陷入流沙中越挣扎陷得越深。何不直接承认“这个领域我不熟，但据我所知，情形大概是……”这样说可避免“不懂装懂”的尴尬。

社交场合，选择交谈的话题是很重要的，它反映了一个人的文化教养、审美情趣、襟怀品格。选择那些自己熟悉和擅长的话题，可以驾轻就熟，应付自如，也容易给人留下谈吐不俗的印象。而如果谈那些陌生领域甚至一窍不通的话题，就会捉襟见肘，狼狈不堪，让听者也可能心里生厌。

另外，与人交谈时，不仅要选择自己擅长的领域，还要尽量主动涉及对方所擅长的内容，令对方有话可谈，发挥所长，也可以借机向对方表达自己的谦恭之意，并可取人之长，补己之短。应当注意的是，无论是选择自己擅长的内容，还是选择对方擅长的话题，都不应当涉及另一方一无所知的内容。否则便会使对方感到尴尬难堪，或者令自己贻笑大方。

知己知彼才能不翻船

很多的交谈，其实实质就是谈判，比如签订合同，应聘的面试。在这种情况下，谁能够更多地掌握对手的谈判信息谁就能在谈判中占据主动，所以无论是政治谈判还是商务谈判，获取、搜集、识别对手的信息已经是一项重要的谈判工作。

所谓“知己知彼，百战不殆”。谈判的成败，谈判者地位的强弱，往往取决于其中一方对信息资料的掌握程度。掌握信息资料越多，在谈判中越容易驾驭谈判的进程。所以，谈判前应该多了解和搜集对方的信息，这样在谈判中就可以占主动，不至于节节退让，到最后尽管谈成了却因为远远偏离了自己的预期目的而闷闷不乐。

谈判对手的信息是由企业和谈判代表两方面组成。企业信息主要偏重于企业背景、企业规模、资金情况、信誉等级、经营状况及经营战略等方面资料的收集。与谈判相关的信息也需要详细调查，比如销售政策、销售组织、价格政策、行业地位、市场份额；谈判代表个人的资料，包括企业职位、授权范围、职业背景、谈判风格及性格爱好等也是不可或缺的。作为企业的谈判代表，在日常的工作和生活中应该时刻关注相关行业信息并持续进行系统性地收集，其中同行企业和潜在合作者的信息尤为重要。谈判对手信息的收集不是一日之功，只有日积月累、坚持不懈才会有最终的收获，任何一次谈判的日程安排都是紧凑的，临阵磨枪只会使你失去先机。

波音公司为了在世界航空市场占领先机，需要搜集有关飞机风洞方面的资料。在这个领域内，德国人领先美国人约10年之久，如果完全靠自己投资研究，势必落后于欧洲航空产业。无数次的谈判都不成功，不管是经济的还是历史的原因，德国人都不愿出让这项技术。波音的一位高层技术主管发现，对方一位曾在第二次世界大战时期为纳粹研究这项技术的专家是个关键人物，但也领教了对手冷漠的性格。然而，在交往中一提到体育运动，发现他对体育运动的热忱以及对户外活动显露出兴致勃勃。于是他便在谈判的间隙邀请这位德国专家去阿尔卑斯山下一处度假胜地打高尔夫球。结果，这项谈判在几乎已经绝望的情况下竟然谈成了。

在谈判之前，你不仅要精通自己的业务，而且还要对对方的思想、情感、生活状况和社会地位等，事先有比较深入的了解。这样，在谈判中就能做到审时度势、进退自如。

有位推销员在推销载重量大的卡车时遇到了竞争对手的反驳。他们告诉他买方从来没有进过载重量大的卡车，太费油。推销员想了解谈判对方是否有意买大马力的载重车，于是他采用了很巧妙的方法得知了对方的真实想法。

推销员："假如你在丘陵地区行驶，而且你那里冬季较长，这时汽车的机器和车身所承受的压力是不是比正常情况下要大一些？"

对方："是的。"

推销员："你冬天出车的次数比夏天多吧？"

"多得多，我们夏天生意并不是太好。"

由此，推销员知道了对方的生产销售有季节性。

推销员又问："有时货物太重，又在冬天的丘陵地区行驶，汽车是否经常处于超负荷状态？"

对方："对，那是事实。"

推销员："那么，你觉得是什么因素决定买一辆车值不值呢？"

对方："当然要看它的使用寿命了。你的意思是？"

这时，推销员认为对方在决定购车型号时，会留有余地。于是，推销员紧追不放地说："从长远观点看，一辆车总是满负荷，另一辆车从不过载，你觉得哪一辆车寿命长些？”

对方：“当然是从不过载的那一辆车。但是我们每次又不能少装啊。”

推销员心中有数了，他可以与那些推销小马力卡车的竞争对手好好较量一番了。

在进行谈判之前，应该利用各种渠道尽可能详细地搜集对手的信息资料。信息资料越是详尽，在谈判中占得主动权的概率也就会越大。所以说，谈判桌上风云变幻，你要在复杂的局势中左右谈判的进展，则必须做好充分的准备。只有多了解对手的情况，才能在谈判中随机应变，灵活处理，从而避免谈判中利益冲突的激化。

图书在版编目（CIP）数据

情商高就是会说话 / 刘朋，赵智谋编著．-- 北京：中国社会出版社，2018.1

ISBN 978-7-5087-5885-5

Ⅰ．①情… Ⅱ．①刘… ②赵… Ⅲ．①语言艺术—通俗读物 Ⅳ．① H019-49

中国版本图书馆 CIP 数据核字 (2018) 第 013186 号

书　　名：情商高就是会说话

编 著 者：刘　朋　赵智谋

出 版 人：浦善新

终 审 人：胡晓明

责任编辑：薛丽仙　　　　责任校对：丁　一

出版发行：中国社会出版社　　　　邮政编码：100032

通联方式：北京市西城区二龙路甲 33 号

电　　话：编辑部：（010）58124839

邮购部：（010）58124848

销售部：（010）58124845

传　真：（010）58124856

网　　址：www.shcbs.com.cn

shcbs.mca.gov.cn

中国社会出版社天猫旗舰店

经　　销：各地新华书店

印刷装订：北京一鑫印务有限责任公司

开　　本：170mm × 240mm　　1/16

印　　张：14

字　　数：200 千字

版　　次：2018 年 5 月第 1 版

印　　次：2018 年 5 月第 1 次印刷

定　　价：38.00 元

中国社会出版社微信公众号